财政部规划教材
全国财政职业教育教学指导委员会推荐教材
全国中等职业学校财经类教材

基础会计(第八版)
实训与练习

主编　孟繁金　赵　英

中国财经出版传媒集团
中国财政经济出版社

图书在版编目（CIP）数据

基础会计（第八版）实训与练习／孟繁金，赵英主编．—8版．—北京：中国财政经济出版社，2017.1（2019.9重印）

财政部规划教材　全国财政职业教育教学指导委员会推荐教材　全国中等职业学校财经类教材

ISBN 978-7-5095-7194-1

Ⅰ.①基…　Ⅱ.①孟…②赵…　Ⅲ.①会计学-中等专业学校-教学参考资料　Ⅳ.①F230

中国版本图书馆CIP数据核字(2017)第011106号

责任编辑：陈　冰　　　　责任校对：刘　靖

封面设计：构远设计

中国财政经济出版社出版

URL：http：//www.cfeph.cn

E-mail：cfeph@cfeph.cn

社址：北京市海淀区阜成路甲28号　邮政编码：100142

发行处电话：88190406　北京财经书店电话：64033436　84041336

北京鑫海金澳胶印有限公司印刷　　各地新华书店经销

787×1092毫米　16开　15印张　359 000字

2017年1月第8版　2020年10月北京第11次印刷

定价：30.00元

ISBN 978-7-5095-7194-1

（图书出现印装问题，本社负责调换）

质量投诉电话：88190744

打击盗版举报热线：010-88190492、QQ：634579818

编写说明

本书是财政部规划教材、全国财政职业教育教学指导委员会推荐教材，由财政部教材编审委员会组织编写并审定，作为全国中等职业学校财经类教材使用。

“基础会计”作为会计专业的核心内容，是引领学生学习会计专业知识、培养学生会计专业能力的一门基础课程。我们根据教学改革反馈的意见，吸取了会计专家、学者的建议，借鉴了会计改革实践经验，在对《基础会计》主教材进行了全新修订的同时，也对与之配套的《基础会计实训与练习》进行了相应的调整，并对原书中已发现的错漏之处进行了修正。修订后的《基础会计（第八版）实训与练习》具有以下特点：

一、体系统一

本书在结构与体系安排上，依照财政部中专、中职规划教材《基础会计》（第八版）的章节体系顺序，便于与教材配套使用，以满足学生对教材内容的理解需要和教师的教学需要。为方便师生使用本书，本《实训与练习》中特别按照每节的内容配置安排了实训与练习内容，删除了原有了名词解释、填空、简答等内容，更多地充实了单项选择题、多项选择题、判断题和实训题，练习与实训的知识点和技能提升更具针对性。

二、内容实用

结合中专学生特点和实际需要，充分体现《基础会计》教材的重点、难点，使学生加深对教材内容的消化与理解，符合教学规律和学生的认知规律，有利于学生掌握必备的会计专业基础知识。同时，我们还根据中专、中职学生参加会计从业资格考试的要求，在每一单元后配套了两组单元检测，在全书最后配套编写了五套模拟试卷。

三、特色突出

为全面培养学生的动手实践能力，本书加大了与主教材配套的会计案例和会计实训操作等实践性训练的比重，提供大量仿真的原始凭证、记账凭证和会计账簿，促使学生掌握会计实务操作，强化会计技能训练。

本书是财政部规划教材，可作为全国财经类中专、中职学生学习基础会计课程使用，也可作为中职升高职考试练习用书，还可作为在职会计人员培训和自学者参考练习用书。

本书由孟繁金、赵英同志担任主编并主持修订。参加修订的还有俞建萍、王欢、揭伟红老师。

用书学校任课教师若需要本《实训与练习》的答案，请以电子邮件的形式向中国财政经济出版社索取（请注明学校、全书名、版次），E－mail：caijingjiaocai@163.com。

由于编者水平所限，疏漏之处在所难免，肯请读者提出宝贵意见。

编　者

2019年2月

目　录

第一部分　各单元实训与练习

第一单元 *Chapter 1*

会 计 概 述

第一节　会计的概念

单项选择题

1. 会计核算的主要计量单位是（　　）。

A. 时间量度　　B. 实物量度

C. 劳动量度　　D. 货币量度

2. 会计的本质是（　　）。

A. 算账记账　　B. 信息处理

C. 经济管理活动　　D. 会计核算

3. 会计核算的量度不包括（　　）。

A. 货币　　B. 实物

C. 劳动　　D. 时间

多项选择题

1. 在会计核算中，记录经济业务数量变化使用的量度有（　　）。

A. 时间量度　　B. 实物量度

C. 劳动量度　　D. 货币量度

2. 对库存商品进行计量时，既以金额计量，又以数量计量，采用的量度包括（　　　　）。

A. 时间量度　　B. 实物量度

C. 劳动量度　　D. 货币量度

3. 会计方法一般包括（　　　　）。

A. 会计核算方法　　B. 会计分析方法

C. 会计检查方法　　D. 登记账簿方法

4. 以下属于会计核算方法的有（　　　　）。

A. 交易事项的确认　　B. 成本计算

C. 复式记账　　D. 填制和审核会计凭证

5. 会计信息使用者包括（　　　　）。

A. 投资者和债权人　　B. 供应商

C. 政府机关　　D. 职工

判断题

1. 会计的本质是一种经济管理活动。（　　）

2. 货币量度是会计核算使用的唯一计量尺度。（　　）

3. 会计核算方法是会计分析方法和会计检查方法的基础。（　　）

4. 会计有一整套方法体系，各种方法既相对独立，又密切配合。（　　）

5. 会计的目标是向会计信息使用者及时准确地提供会计信息。（　　）

6. 会计的目标是实现利益最大化。（　　）

第二节　会计的职能

单项选择题

1. 会计的基本职能是（　　）。

A. 核算与监督　　B. 分析与考核

C. 管理与决策　　D. 预测和控制

2. 会计监督的主体是（　　）。

A. 国家　　B. 企业

C. 财政部门　　D. 会计人员

3. 我国三位一体的会计监督体系中，（　　）是基础。

A. 单位内部监督　　B. 国家监督

C. 社会监督　　D. 财政监督

4. 我国三位一体的会计监督体系中，（　　）是主导。

A. 单位内部监督

B. 国家监督

C. 社会监督

D. 财政监督

5. 我国三位一体的会计监督体系中，（　　）是补充。

A. 单位内部监督

B. 国家监督

C. 社会监督

D. 财政监督

多项选择题

1. 会计核算从时间上看包括（　　　　）。

A. 事前核算

B. 事中核算

C. 事后核算

D. 监督管理

2. 会计监督职能是指在会计核算的同时，对经济活动的（　　　　）进行审查。

A. 客观性

B. 合法性

C. 合理性

D. 清晰性

3. 我国三位一体的会计监督体系包括（　　　　）。

A. 单位内部监督

B. 国家监督

C. 社会监督

D. 财政监督

4. 会计的拓展职能主要包括（　　　　）。

A. 预测经济前景

B. 核算和监督

C. 参与经济决策

D. 评价经营业绩

5. 把企业的经济业务活动反映出来，依次经过（　　　　）的过程。

A. 确认

B. 计量记录

C. 报告

D. 反馈

判断题

1. 会计核算与会计监督两项职能相互独立。（　　）
2. 会计监督是对单位经济活动的全过程进行监督。（　　）
3. 会计监督的主体是会计人员。（　　）
4. 会计核算和会计监督两项职能相辅相成，辩证统一。（　　）
5. 会计核算贯穿企业经济活动的全过程。（　　）

第三节　会计对象和会计核算内容

单项选择题

1. 会计的对象是（　　）。

A. 经济活动　　B. 管理活动
C. 资金运动　　D. 业务活动

2. 下列各项中不属于会计核算内容的是（　　）。
A. 收到款项 300 元　　B. 召开董事会
C. 购买设备　　D. 从银行借入款项

3. 企业用货币资金购入材料等生产资料，货币资金状态转化为（　　）。
A. 生产资金　　B. 储备资金
C. 成品资金　　D. 货币资金

4. 下列各项中属于会计核算内容的是（　　）。
A. 签订合同　　B. 按合同销售商品 11 000 元
C. 研究发展策略　　D. 计划新建厂房

多项选择题

1. 企业的资金运动表现为（　　）过程
A. 资金投入　　B. 资金运用
C. 资金退出　　D. 资金储备

2. 下列各项中属于会计核算范围的有（　　）。
A. 公司董事会选拔董事会秘书　　B. 购买材料支付货款 3 500 元
C. 企业出售废旧物资收入 320 元　　D. 生产车间领用钢材一批，价值 50 000 元

3. 下列各项中属于会计核算范围的有（　　）。
A. 从银行借款 30 000 元　　B. 销售商品收到款项 40 000 元
C. 召开董事会研究股利发放　　D. 偿还前欠货款 38 000 元

4. 下列各项中属于资金退出企业的有（　　）。
A. 依法缴纳税款　　B. 向投资者分配利润
C. 偿还债务　　D. 购买设备

5. 下列各项中属于资金投入的有（　　）。
A. 购买材料　　B. 投资者投入资金
C. 生产产品　　D. 向银行借入资金

判断题

1. 会计的对象是企业所有的经济活动。（　　）
2. 企业签订购货合同、购买机器设备都是经济活动，是会计对象。（　　）
3. 只有那些能够以货币表现的经济活动才是会计对象。（　　）
4. 开办企业需要“本钱”，即需要有投资者投入资本。（　　）
5. 企业资金周而复始不断地循环，即为资金周转。（　　）

第四节　会计核算的前提、基础和方法

单项选择题

1. 界定了会计核算空间范围的前提是（　　）。

A. 会计主体　　B. 持续经营

C. 分计分期　　D. 货币计量

2. 企业的资产划分为流动资产和非流动资产，其依据的前提是（　　）。

A. 会计主体　　B. 持续经营

C. 分计分期　　D. 货币计量

3. （　　）前提是持续经营假设的必然结果。

A. 会计主体　　B. 持续经营

C. 分计分期　　D. 货币计量

4. （　　）前提的存在，使得持续经营的经营活动有了本期与非本期之分。

A. 会计主体　　B. 持续经营

C. 分计分期　　D. 货币计量

5. 货币计量前提建立在（　　）基础之上。

A. 会计主体　　B. 币值稳定

C. 人民币为记账本位币　　D. 通货膨胀

6. 在我国会计核算应当以（　　）作为记账本位币。

A. 人民币　　B. 人民币或任一种外币

C. 美元　　D. 均可

7. 企业会计核算的基础是（　　）。

A. 权责发生制　　B. 收付实现制

C. 会计基本前提　　D. 会计信息质量要求

多项选择题

1. 会计核算的前提包括（　　）。

A. 会计主体　　B. 持续经营

C. 分计分期　　D. 货币计量

2. 会计分期包括（　　）。

A. 年度　　B. 季度

C. 半年度　　D. 月度

3. 会计核算基础包括（　　）。

A. 权责发生制　　B. 收付实现制

C. 会计基本前提　　D. 会计信息质量要求

4. 下列各项中属于会计核算方法的有（　　）。

A. 复式记账　　B. 登记会计账簿

C. 财产清查　　D. 档案保管

判断题

1. 会计主体与法律主体是两个不同的概念。（　　）

2. 一般情况下，会计主体一定是法律主体，法律主体不一定是会计主体。（　　）

3. 在会计主体前提下，企业只对其本身的经济业务进行核算。（　　）

4. 在会计主体前提下，企业要对其本身的经济业务进行核算，同时也要对其所有者的经济活动进行核算。（　　）

5. 持续经营假设意味着企业会永久存在，一直经营下去。（　　）

6. 按照权责发生制的要求，凡在本期收到款项的即确认为本期的收入。（　　）

7. 按照权责发生制的要求，凡是本期产生了承担费用的责任即确认为本期费用，不论款项是否在本期支付。（　　）

8. 权责发生制是以权责关系的实际确立作为计入本期收入和费用的标准。（　　）

9. 我国会计核算以人民币作为记账本位币，业务收支以外币为主的，可以选用某种外币作为记账本位币。（　　）

单元检测 1

一、单项选择题

1. 会计工作中采用的主要计量单位是（　　）。

A. 货币量度　　B. 时间量度

C. 实物量度　　D. 根据需要自行选择

2. 财物是企业进行生产经营活动且具有实物形态的经济资源。下列各项不属于财物的是（　　）。

A. 机器　　B. 厂房

C. 应收款项　　D. 原材料

3. 会计的本质是（　　）。

A. 经济活动　　B. 经济管理活动

C. 技术工具　　D. 业务方法

4. 下列各项不属于会计监督体系的是（　　）。

A. 单位内部监督　　B. 国家监督

C. 社会监督　　D. 行政监督

5. 下列经济活动中，与企业财务成果的计算和处理内容无关的是（　　）。

A. 利润的计算　　B. 产品生产成本的计算
C. 企业所得税的计算　　D. 企业亏损的弥补

二、多项选择题

1. 下列各项中需要办理会计手续，进行会计核算的内容有（　　　）。
A. 财务成果的计算和处理　　B. 债务的结算
C. 资本的增减　　D. 计划的制定
2. 会计的基本职能包括（　　　）。
A. 核算　　B. 监督
C. 预测　　D. 决策
3. 会计的方法包括（　　　）。
A. 会计核算方法　　B. 会计记账方法
C. 会计分析方法　　D. 会计检查方法
4. 下列各项中属于会计核算方法的有（　　　）。
A. 登记账簿　　B. 试算平衡
C. 设置账户　　D. 财产清查
5. 按实行监督的时间不同，可以将会计监督分为（　　　）。
A. 事前监督　　B. 事中监督
C. 事后监督　　D. 全面监督

三、判断题

1. 会计的本质是一项经济活动。（　）
2. 会计核算是会计监督的基础，会计监督是会计核算的质量保证。（　）
3. 会计应当以货币作为唯一的计量单位。（　）
4. 工业企业的会计对象即为工业企业的资金运动。（　）
5. 记账、算账、报账、预测、分析、考核、反馈均属于事后会计核算。（　）

单元检测 2

一、单项选择题

1. 下列各项中不需要进行会计核算的是（　　）。
A. 销售材料取得收入　　B. 机器设备报废毁损
C. 购买股票　　D. 计划新建生产线
2. 下列各项中属于财务成果计算和处理的是（　　）。
A. 接受投资　　B. 支付工资
C. 弥补亏损　　D. 材料入库
3. 下列各项属于成品资金转化为货币资金的是（　　）。

A. 购买材料　　B. 支付工资
C. 销售商品　　D. 缴纳税金

4. 会计主体前提界定了会计核算的空间范围。下列说法正确的是（　　）。
A. 会计只对本身的经济业务进行处理
B. 会计既对本身的经济业务进行处理，又对企业以外的利益集团的经济业务进行处理
C. 会计既对本身的经济业务进行处理，又对企业所有者的经济业务进行处理
D. 会计对上述三种都需要进行处理

5. 下列说法不正确的是（　　）。
A. 有了会计分期基本前提，才有了本期与非本期之分
B. 有了会计分期基本前提，才有了会计核算基础
C. 会计分期前提是持续经营假设的必然结果
D. 企业的资产划分为流动资产和非流动资产是基于会计分期前提

二、多项选择题

1. 按照权责发生制的要求，下列各项中应确认收入的有（　　　）。
A. 预收销货款，商品尚未发货
B. 销售商品已按合同发货，款未收
C. 收到上月销货款
D. 销售商品已按合同发货，款已收

2. 下列各项中属于会计主体的有（　　　）。
A. 公司　　B. 独立核算的分厂
C. 机关　　D. 学校

3. 债权债务的发生和结算属于会计核算的内容。下列各项中属于债权债务发生和结算的有（　　　）。
A. 销售商品收到款项　　B. 偿还前欠货款
C. 销售商品确认应收款项　　D. 购入设备

4. 会计的对象是资金运动。下列各项中属于资金运动的有（　　　）。
A. 接受投资　　B. 购买材料
C. 支付工资　　D. 签订劳动合同

5. 下列各项中属于货币资金转化为储备资金的有（　　　）。
A. 生产领用原材料　　B. 以货币资金购买燃料
C. 以货币资金购买设备　　D. 以货币资金购买材料

三、判断题

1. 独立核算的分厂因对外不是法人单位，因而不是会计主体。（　　）
2. 会计持续经营前提使财产物资按历史成本计价才有了理论依据。（　　）
3. 一般情况下法律主体都是会计主体。（　　）
4. 权责发生制下，企业在本期支付的费用款项，即作为本期费用。（　　）
5. 货币是会计记录经济业务所采用的主要计量尺度。（　　）

第二单元 *Chapter 2*

会 计 要 素

第一节 会计要素及其计量

单项选择题

1. 根据资产的定义，下列各项中不属于资产特征的是（ ）。
   A. 资产是企业拥有或控制的经济资源
   B. 资产预期会给企业带来经济利益
   C. 资产是由于过去的交易或事项形成的
   D. 资产是在未来的交易或事项中形成的
2. 负债是指企业过去的交易或事项形成的（ ）。
   A. 过去义务　　B. 现时义务
   C. 未来义务　　D. 潜在义务
3. 下列各项中应当作为流动负债核算的是（ ）。
   A. 应付债券　　B. 长期借款
   C. 长期应付款　　D. 应付股利
4. 下列各项中，只影响利润总额不影响营业利润的是（ ）。
   A. 营业收入　　B. 营业成本
   C. 营业外收入　　D. 税金及附加
5. 会计要素是指根据交易或者事项的（ ）所确定的财务会计对象的基本分类。
   A. 经济内容　　B. 经济特征
   C. 计量属性　　D. 质量要求
6. 下列项目中，不属于收入的是（ ）。
   A. 商品销售收入　　B. 劳务收入
   C. 租金收入　　D. 增值税销项税额
7. 下列各项中，能够作为工业企业“主营业务收入”核算的是（ ）。
   A. 销售材料取得的价款　　B. 出租固定资产取得的租金
   C. 销售产成品取得的价款　　D. 出租包装物收取的租金
8. 下列各项中，应作为“其他业务收入”核算的是（ ）。

A. 工业企业提供的工业性劳务
B. 商业企业的销售商品收入
C. 企业出租设备及包装物的租金
D. 租赁企业的经营租赁业务

9. 下列特征中，不符合所有者权益特征的是（　　）。
A. 发生减资、清算或者分配现金股利，企业不需要偿还所有者权益
B. 企业清算时，只有在清偿所有的负债后，所有者权益才返还给所有者
C. 所有者凭所有者权益能够参与利润分配
D. 除非发生减资、清算或者分配现金股利，企业不需要偿还所有者权益

10. 会计要素“费用”的含义与分类中，费用是指（　　）。
A. 营业成本和期间费用
B. 营业成本和营业外支出
C. 生产费用和期间费用
D. 期间费用和营业外支出

11. 所有者权益金额是（　　）后的余额。
A. 资产 - 负债
B. 收入 - 支出
C. 资产 + 收入
D. 利润 - 负债

12. 下列各项中，属于流动资产的是（　　）。
A. 应付账款
B. 长期借款
C. 资本公积
D. 应收账款

13. 下列各项负债项目中，属于长期负债的是（　　）。
A. 应付债券
B. 应付利润
C. 应付账款
D. 应付票据

14. 费用是指企业为销售商品、提供劳务等日常活动所发生的（　　）。
A. 经济利益的总流出
B. 生产费用
C. 人力物力耗费
D. 经济损失

15. 利润是企业在一定会计期间的（　　）。
A. 经营收入
B. 经营毛利
C. 经营成果
D. 经济效益

多项选择题

1. 下列各会计要素中，反映财务状况并在资产负债表中列示的有（　　　）。
A. 资产
B. 负债
C. 利润
D. 所有者权益

2. 下列各项中，不符合资产会计要素定义的有（　　　）。
A. 不能收回的销售货款
B. 因自然灾害毁损的材料
C. 企业为生产新产品正在申请购买的设备
D. 因产品更新换代被淘汰的设备

3. 下列各项中，属于企业非流动资产的有（　　　）。
A. 固定资产
B. 库存商品
C. 无形资产
D. 原材料

4. 下列各项中，关于资产的表述中正确的有（　　）。

A. 资产是指过去的交易或者事项形成的

B. 资产预期会给企业带来经济利益的流入

C. 资产的成本或者价值能够可靠计量

D. 资产是企业拥有或者控制

5. 下列关于资产与负债联系和区别的表述，正确的有（　　）。

A. 企业的资产和负债都是在过去的交易或者事项中所形成的

B. 资产与负债的区别之一是资产会带来经济利益的流入而负债会导致经济利益的流出

C. 资产与负债的共同之处表现在“未来”交易或者事项中所形成的均不作为资产、负债的核算内容

D. 资产的分类是按流动性划分的而负债不是

6. 关于会计要素，下列说法中表述正确的有（　　）。

A. 收入可能表现为企业负债的减少

B. 费用可能表现为企业负债的减少

C. 收入会导致所有者权益的增加

D. 收入只包括本企业经济利益的流入，不包括为第三方或客户代收的款项

7. 关于费用的表述中，正确的是（　　）。

A. 费用是在日常活动中产生的

B. 费用会导致所有者权益的减少

C. 向所有者分配的利润多了，费用就多了

D. 向所有者分配的利润少了，费用就少了

8. 下列各项中，反映企业经营成果的会计要素有（　　）。

A. 资产　　B. 收入

C. 费用　　D. 利润

9. 下列各项目中属于会计要素的是（　　）。

A. 资产　　B. 利润

C. 费用　　D. 成本

10. 下列项目中属于所有者权益类的有（　　）。

A. 实收资本　　B. 应付福利费

C. 资本公积　　D. 未分配利润

11. 下列项目中属于资产类的会计科目有（　　）。

A. “流动资产”　　B. “利润分配”

C. “固定资产”　　D. “无形资产”

12. 下列项目中属于期间费用的有（　　）。

A. 管理费用　　B. 直接人工

C. 财务费用　　D. 销售费用

13. 下列会计事项中，属于资产和负债及所有者权益双方金额等额减少的是（　　）。

A. 用银行存款归还应付账款　　B. 用银行借款归还应付账款

C. 用银行存款支付预付账款　　D. 用库存商品抵债还银行借款

14. 反映资金运动静态表现的会计要素是（　　）。

A. 资产　　B. 负债

C. 所有者权益　　D. 收入

15. 企业在销售商品、提供劳务日常活动中所发生的应计入产品成本的费用有（　　）。

A. 期间费用　　B. 直接材料

C. 直接人工　　D. 制造费用

判断题

1. 作为企业资产，必然是企业拥有其所有权的，会导致经济利益流入企业的经济资源。（　　）

2. 流动负债与非流动负债的区别之一是偿还期是否超过 1 年，如果借款的款项偿还期为 3 年，则该项借款偿还前作为一项长期负债核算。（　　）

3. 负债与所有者权益可以统称为权益，两者性质不同，但是它们投入企业的资金都形成企业的资产。（　　）

4. 根据收入的确认条件，企业的收入可以表现为企业资产的增加或者负债的减少。（　　）

5. 对于生产几种产品共同发生的生产费用，应当按照权责发生制原则采用适当的方法和程序分配计入相关产品的生产成本。（　　）

6. 当企业的某项固定资产一旦被淘汰不能带来经济利益的流入时，则该项固定资产就不能继续作为资产进行核算。（　　）

7. 利润是企业收入减去费用后的净额。（　　）

8. 在任意时点上企业所有的资产总额必然等于权益总额。（　　）

9. 企业为生产商品或提供劳务等所发生的各项费用构成企业的生产成本，包括直接材料、直接人工及期间费用。（　　）

10. 收入按其经营业务的主次，可以分为主营业务收入和其他业务收入，非日常活动产生的经济利益的流入就属于其他业务收入。（　　）

11. 所有者权益是指投资者对企业全部资产的要求权，包括实收资本、资本公积、盈余公积和未分配利润四部分。（　　）

12. 在会计要素中，银行存款、实收资本、资本公积均属于投资者投入企业的资本。（　　）

13. 在计算企业利润时，营业外收入和营业外支出，不仅影响营业利润也影响利润总额。（　　）

14. 日常活动是指企业为完成其经营目标所从事的经营性活动以及与之相关的其他活动。（　　）

15. 企业在利润总额的基础上减去所得税后的金额就是净利润。（　　）

计算综合题

练　习　一

【目的】 练习会计基本等式。

【资料】 某企业月末各项目资料如下：

1. 银行里的存款 120 000 元。
2. 向银行借入半年期的借款 500 000 元。
3. 出纳处存放现金 1 500 元。
4. 仓库里存放的原材料 519 000 元。
5. 仓库里存放的产成品 194 000 元。
6. 正在加工中的产品 75 500 元。
7. 应付外单位货款 60 000 元。
8. 向银行借入两年期的借款 600 000 元。
9. 房屋及建筑物 400 000 元。
10. 所有者投入资本 7 000 000 元。
11. 机器设备 2 500 000 元。
12. 应收外单位货款 100 000 元。
13. 以前年度尚未分配的利润 750 000 元。
14. 对外单位长期投资 5 000 000 元。

【要求】

1. 判断上列资料中各项目的类别（资产、负债、所有者权益）并将各项目金额填入表 2－1。
2. 计算表 2－1 内资产总额、负债总额、所有者权益总额是否符合会计基本等式。

表 2－1

项　目	金额		
	资　产	负　债	所有者权益
合计			

练 习 二

【目的】练习收入、费用和利润的数量关系。

【资料】某公司月内收支情况如下：

1. 本月销货收入790 000元，销货进价成本700 000元。
2. 支付房租3 000元，办公用品500元，煤气、电、水费1 500元，工资28 000元。
3. 支付运杂费600元、包装费500元。
4. 支付职工医药费6 000元、差旅费2 000元。

【要求】计算该公司本月利润额。

收入 =

成本费用支出 =

利润 =

第二节 会计要素之间的平衡关系

单项选择题

1. 用银行存款归还应付账款的经济业务属于（ ）。

A. 资产和负债同增　　B. 资产减少负债增加

C. 资产增加负债减少　　D. 资产负债同减

2. 反映企业在任一时点所拥有的资产以及债权人和所有者对企业资产要求权的会计等式是（ ）。

A. 资产 = 负债 + 所有者权益

B. 资产 = 负债 + 所有者权益 + 收入

C. 资产 = 负债 + 所有者权益 + 收入 - 费用

D. 收入 - 费用 = 利润

3. 会计账户按经济内容分类，下列各项中属于所有者权益类账户的是（ ）。

A. “预收账款”　　B. “生产成本”

C. “所得税费用”　　D. “实收资本”

4. 以银行存款购买设备，这项经济业务的发生对会计等式的影响是（ ）。

A. 等式的两边一增一减　　B. 某个会计要素内部的一增一减

C. 等式的两边同时增加　　D. 等式的两边同时减少

5. 下列经济业务中，能够引起资产和负债同时增加的是（ ）。

A. 用银行存款购买原材料　　B. 借入短期借款存入银行

C. 用银行存款偿还前欠货款　　D. 用银行存款购买设备

6. 企业经济业务按其对财务状况等式的影响不同可以分为九种基本类型，当一项资产增加时，不会出现的经济类型是（ ）。

A. 另一项资产的等额减少　　B. 一项所有者权益的等额增加

C. 一项负债的等额减少　　D. 一项负债的等额增加

7. 下列经济业务中，应当采用重置成本核算的是（　）。

A. 固定资产盘亏　　B. 固定资产盘盈

C. 库存现金盘盈　　D. 存货盘亏

8. 向银行取得短期借款偿还前欠 B 公司货款，这项业务导致的结果是（　）。

A. 资产内部的有增有减　　B. 负债内部的有增有减

C. 资产负债的同时增加　　D. 资产负债的同时减少

9. 企业购置某项固定资产后，其市场价值降低。根据会计要素计量属性中的（　）属性，不得因市场价值的变化而调整固定资产的入账价值。

A. 重置成本　　B. 历史成本

C. 可变现净值　　D. 公允价值

10. 企业最基本的会计等式是（　）。

A. 资产 = 负债 + 所有者权益

B. 收入 - 费用 = 利润

C. 资产 = 负债 + 所有者权益 + （收入 - 费用）

D. 资产 = 负债 + （所有者权益 + 利润）

多项选择题

1. 当经济业务的发生涉及资产、负债两个会计要素时，会引起资产项目和负债项目发生（　）的变动。

A. 同增　　B. 同减

C. 有增有减　　D. 不增不减

2. 下列公式中，属于会计等式的有（　）。

A. 资产 - 负债 = 所有者权益

B. 收入 - 费用 = 利润

C. 利润总额 = 营业利润 + 营业外收入 - 营业外支出

D. 净利润 = 利润总额 - 所得税费用

3. 下列各项经济业务中，导致资产和负债同时增加的业务有（　）。

A. 取得短期借款存入银行　　B. 购入商品货款尚未支付

C. 用银行存款发放员工工资　　D. 向银行借款偿还应付账款

4. 下列各项中，导致资产和负债同时减少的业务有（　）。

A. 以银行存款偿还短期借款　　B. 接受投资者投入的设备投资

C. 收回外单位前欠货款存入银行　　D. 以银行存款偿还应付账款

5. 下列选项中，以“资产 = 负债 + 所有者权益”这一会计等式为理论依据的有（　）。

A. 设置账户　　B. 成本计算

C. 复式记账　　D. 编制资产负债表

6. 经济业务的类型包括（　）。

A. 引起资产与权益同时增加　　B. 引起资产与权益同时减少

C. 引起资产内部项目有增有减、总额不变的业务

D. 引起权益内部项目有增有减、总额不变的业务

7. 以下会引起会计等式左右两边会计要素变动的经济业务有（　　）。

A. 收到某单位前欠货款存入银行　　B. 收到某单位投来设备一台

C. 以银行存款偿还一年期借款　　D. 以银行存款偿还前欠货款

8. 经济业务发生会引起会计要素变动的情况有（　　）。

A. 一项资产和一项负债同时增加

B. 一项负债增加，一项所有者权益减少

C. 一项负债减少，一项所有者权益增加

D. 一项资产和一项所有者权益同时增加

9. 权益所包括的内容有（　　）。

A. 投入资本　　B. 负债

C. 盈余公积　　D. 未分配利润

10. 下列关于会计等式的说法中，正确的有（　　）。

A. “资产 = 负债 + 所有者权益” 是会计基本等式

B. “收入 − 费用 = 利润” 是编制利润表的理论依据

C. “资产 − 负债 = 所有者权益 + （收入 − 费用）” 说明了公司经营成果对资产和所有者权益产生的影响

D. 企业任何经济业务的发生都不会破坏会计等式的平衡关系

判断题

1. 一项负债的增加，另一项负债等额减少，对资产和所有者权益没有影响。（　　）

2. 不论发生何种交易或事项，各会计要素无论怎样变动，都不会破坏会计恒等式之间的恒等关系。（　　）

3. 在会计恒等式“资产 = 负债 + 所有者权益”中，负债与所有者权益可以统称为权益，但是负债与所有者权益的性质不同。（　　）

4. “资产 = 负债 + 所有者权益”这个平衡公式是企业资金运动的动态表现。（　　）

5. 经济业务的发生，会使资产和权益总额发生变化，但不会破坏基本等式的平衡关系。（　　）

6. “收入 − 费用 = 利润”被称为第二会计等式，是编制资产负债表的理论基础。（　　）

7. “资产 = 负债 + 所有者权益”这一会计等式，无论发生任何经济业务都不会破坏其平衡关系，也不会引起等式两边金额的变化。（　　）

8. 权益是指所有者权益。（　　）

9. “净利润 = 利润总额 − 所得税费用”也是会计等式之一。（　　）

10. 根据“资产 − 负债 = 所有者权益”这一会计平衡公式，一项会计要素的变动，必然会引起另一项会计要素的等额变动。（　　）

案例分析题

【目的】练习资金变化类型。

【资料】某企业发生交易、事项如下：

1. 用银行存款购买材料。
2. 用银行存款支付前欠 A 单位货款。
3. 用盈余公积金弥补职工福利费。
4. 向银行借入长期借款，存入银行。
5. 收到所有者投入的设备。
6. 购入设备一台，款未付。
7. 用银行存款归还长期借款。
8. 企业以固定资产向外单位投资。
9. 用银行借款归还前欠甲单位货款。
10. 经批准用银行存款归还投资者王芳的投资款。
11. 经协商同意，将应归还乙单位的应付货款转为投入资本。
12. 将盈余公积金转作资本。

【要求】分析上列各项交易、事项的类型，填入表 2－2。

表 2－2

类　　型	经济业务序号
1. 一项资产增加，另一项资产减少	
2. 一项负债增加，另一项负债减少	
3. 一项所有者权益增加，另一项所有者权益减少	
4. 一项资产增加，一负债增加	
5. 一项资产增加，一项所有者权益增加	
6. 一项资产减少，一项负债减少	
7. 一项资产减少，一项所有者权益减少	
8. 一项负债减少，一项所有者权益增加	
9. 一项负债增加，一项所有者权益减少	

计算综合题

【目的】练习会计基本等式。

【资料】

1. 某企业 7 月初的资产、负债及所有者权益情况如表 2－3 所示。

表 2－3

金额单位：元

资　产	金　额	负债及所有者权益	金　额
库存现金	1 000	负债：	
银行存款	13 000	短期借款	100 000
应收账款	14 000	应付账款	25 000
其他应收款	2 000	应付职工薪酬	5 000
生产成本	140 000		
原材料	60 000	所有者权益：	
库存商品	70 000	实收资本	500 000
固定资产	400 000	盈余公积	50 000
		未分配利润	20 000
合　计	700 000	合　计	700 000

2. 7 月份该企业发生下列各项经济业务：

（1）向甲公司购入原材料一批，计价 20 000 元，材料验收入库，货款未付。

（2）生产车间领用材料 45 000 元投入生产。

（3）向银行借入短期借款 50 000 元存入银行。

（4）以现金暂付职工小张出差费 1 000 元。

（5）以银行存款偿还前欠甲公司材料款 20 000 元。

（6）收到星光公司投入资本 30 000 元存入银行。

（7）收回乙公司前欠货款 12 000 元存入银行。

（8）从银行提取现金 1 000 元。

（9）以银行存款购入电子计算机一台，价值 20 000 元。

（10）以银行存款支付劳保医院医药费 5 000 元。

【要求】将资产、负债和所有者权益各项目的 7 月份金额和月内增减变化的金额填入表 2－4 中，同时计算出期末余额和合计数。

表 2－4

金额单位：元

资　产	期初数	本月增加数	本月减少数	月末余额	负债及所有者权益	期初数	本月增加数	本月减少数	月末余额
库存现金					负债：				
银行存款					短期借款				
应收账款					应付账款				
其他应收款					应付职工薪酬				
生产成本					负债合计				
原材料					所有者权益：				
库存商品					实收资本				
固定资产					盈余公积				
					未分配利润				
					所有者权益合计				
总　计					总　计				

单元检测 1

一、单项选择题

1. 根据资产的定义，下列各项中属于资产特征的是（　　）。
   A. 资产是企业拥有或控制的经济资源
   B. 资产预期不会给企业带来经济利益
   C. 资产不是由于过去的交易或事项形成的
   D. 资产是在未来的交易或事项中形成的
2. 下列各项中不应当作为流动负债核算的是（　　）。
   A. 应付账款　　B. 长期借款
   C. 其他应付款　　D. 应付股利
3. 下列各项中，只影响利润总额不影响营业利润的是（　　）。
   A. 营业外支出　　B. 营业成本
   C. 营业收入　　D. 税金及附加
4. 下列项目中，不属于收入的是（　　）。
   A. 商品销售收入　　B. 代第三方收取的款项
   C. 租金收入　　D. 劳务收入
5. 用银行存款归还前欠外单位货款的经济业务属于（　　）。
   A. 资产和负债同增　　B. 资产减少负债增加
   C. 资产增加负债减少　　D. 资产负债同减
6. 反映企业在任一时点所拥有的资产以及债权人和所有者对企业资产要求权的会计等式是（　　）。
   A. 收入－费用＝利润
   B. 资产＝负债＋所有者权益＋收入
   C. 资产＝负债＋所有者权益＋收入－费用
   D. 资产＝负债＋所有者权益
7. 会计账户按经济内容分类，下列各项中属于所有者权益类账户的是（　　）。
   A. “盈余公积”　　B. “生产成本”
   C. “所得税费用”　　D. “预收账款”
8. 以银行存款偿还短期借款，这项经济业务的发生对会计等式的影响是（　　）。
   A. 等式的两边一增一减　　B. 某个会计要素内部的一增一减
   C. 等式的两边同时增加　　D. 等式的两边同时减少
9. 下列经济业务中，能够引起资产内部有增有减，增减金额相等的是（　　）。
   A. 用银行存款购买原材料　　B. 借入短期借款存入银行
   C. 用银行存款偿还前欠货款　　D. 资本公积转增资本
10. 会计要素是指根据交易或者事项的（　　）所确定的财务会计对象的基本分类。

A. 经济内容
B. 经济特征
C. 计量属性
D. 质量要求

二、多项选择题

1. 下列各项中，反映企业经营成果的会计要素有（ ）。
   A. 资产
   B. 费用
   C. 收入
   D. 利润
2. 下列各项目中属于会计要素的有（ ）。
   A. 资产
   B. 利润
   C. 费用
   D. 所有者权益
3. 下列项目中属于所有者权益的有（ ）。
   A. 实收资本
   B. 应付福利费
   C. 资本公积
   D. 未分配利润
4. 下列项目中属于资产类的会计科目有（ ）。
   A. “原材料”
   B. “利润分配”
   C. “固定资产”
   D. “无形资产”
5. 下列项目中属于期间费用的有（ ）。
   A. 制造费用
   B. 管理费用
   C. 财务费用
   D. 销售费用
6. 反映资金运动静态表现的会计要素有（ ）。
   A. 资产
   B. 负债
   C. 所有者权益
   D. 收入
7. 企业在销售商品、提供劳务日常活动中所发生的应计入产品成本的费用有（ ）。
   A. 期间费用
   B. 直接材料
   C. 直接人工
   D. 财务费用
8. 经济业务的类型包括（ ）。
   A. 引起资产与权益同时增加，增加金额相等
   B. 引起资产与权益同时减少，减少金额相等
   C. 引起资产内部项目有增有减，增减金额相等
   D. 引起权益内部项目有增有减，增减金额相等
9. 下列各项中，导致资产和负债同时减少的业务有（ ）。
   A. 以银行存款偿还短期借款
   B. 接受投资者投入的设备投资
   C. 用银行存款发放职工薪酬
   D. 以银行存款偿还应付账款
10. 下列会计事项中，属于资产和负债及所有者权益双方金额等额增加的有（ ）。
   A. 从银行借入短期借款
   B. 收到外单位货币资金投资
   C. 用银行存款支付预付账款
   D. 用库存商品抵债还银行借款

三、判断题

1. 资产是指由过去的交易或者事项形成的、由企业拥有或者控制的，预期会给企业带

来经济利益的经济资源。 ( )

2. 负债与所有者权益可以统称为权益，两者性质不同，所以所有者投入企业的资金形成企业的资产，负债取得的资金不形成企业的资产。 ( )

3. 根据收入的确认条件，企业的收入只包括本企业经济利益的流入，不包括为第三方代收的款项。 ( )

4. 虽然某项固定资产因被淘汰不能给企业带来经济利益的流入，但该项固定资产可以继续作为资产进行核算。 ( )

5. 利润是指企业在一定会计期间的经营成果。 ( )

6. 一项资产的增加，另一项资产等额减少，对负债和所有者权益没有影响。 ( )

7. 企业任何交易或事项的发生，会使资产和权益总额发生变化，但不会破坏会计等式之间的平衡关系。 ( )

8. "资产 = 负债 + 所有者权益"这个平衡公式是企业资金运动的静态表现。 ( )

9. 流动负债与非流动负债的区别之一是偿还期是否超过 1 年，如果借款的偿还期为 3 年，则该项借款偿还前作为一项流动负债核算。 ( )

10. 对于生产几种产品共同发生的生产费用，应当按照权责发生制原则采用适当的方法和程序分配计入相关产品的生产成本。 ( )

四、计算综合题

【目的】 练习会计基本等式。

【资料】 某企业月末各项目资料如下：

1. 银行里的存款 100 000 元。
2. 向银行借入半年期的借款 100 000 元。
3. 出纳处存放现金 1 500 元。
4. 仓库里存放的原材料 510 000 元。
5. 仓库里存放的产成品 190 000 元。
6. 正在加工中的产品 72 000 元。
7. 应付外单位货款 60 000 元。
8. 向银行借入两年期的借款 100 000 元。
9. 房屋及建筑物 130 000 元。
10. 所有者投入资本 600 000 元。
11. 应收外单位货款 100 000 元。
12. 以前年度尚未分配的利润 243 500 元。

【要求】

1. 判断上列资料中各项目的类别（资产、负债、所有者权益），并将各项目金额一并填入下表。
2. 计算表内资产总额、负债总额、所有者权益总额是否符合会计基本等式。

项　目	金　　额		
	资　产	负　债	所有者权益
合计			

单元检测 2

一、单项选择题

1. 负债是指企业过去的交易或事项形成的（　　）。
   A. 现时义务　　B. 过去义务
   C. 未来义务　　D. 潜在义务
2. 下列各项中，应作为“其他业务收入”核算的是（　　）。
   A. 企业出租固定资产的租金　　B. 商业企业的销售商品收入
   C. 工业企业提供的工业性劳务　　D. 租赁企业的经营租赁业务
3. 下列特征中，不符合所有者权益特征的是（　　）。
   A. 除非发生减资、清算或者分配现金股利，企业不需要偿还所有者权益
   B. 企业清算时，只有在清偿所有的负债后，所有者权益才返还给所有者
   C. 所有者凭所有者权益能够参与的利润分配
   D. 发生减资、清算或者分配现金股利，企业不需要偿还所有者权益
4. 所有者权益金额是（　　）后的余额。
   A. 资产－负债　　B. 收入－支出
   C. 资产＋收入　　D. 利润－负债
5. 会计要素“费用”的含义与分类中，费用是指（　　）。

A. 生产费用和期间费用　　B. 营业成本和营业外支出
C. 营业成本和期间费用　　D. 期间费用和营业外支出

6. 下列各项中属于非流动资产的是（　　）。
A. 固定资产　　B. 长期借款
C. 资本公积　　D. 应收账款

7. 下列各项中，能够作为工业企业“主营业务收入”核算的是（　　）。
A. 销售材料取得的价款　　B. 出租固定资产取得的租金
C. 出租包装物收取的租金　　D. 销售产成品取得的价款

8. 下列各项负债项目中，属于长期负债的是（　　）。
A. 长期借款　　B. 应付利润
C. 应付账款　　D. 应付票据

9. 向银行取得短期借款偿还前欠某公司货款，这项业务导致的结果是（　　）。
A. 资产内部的有增有减　　B. 负债内部的有增有减
C. 资产负债的同时增加　　D. 资产负债的同时减少

10. 企业最基本的会计等式是（　　）。
A. 资产 = 负债 +（所有者权益 + 利润）
B. 收入 - 费用 = 利润
C. 资产 = 负债 + 所有者权益 +（收入 - 费用）
D. 资产 = 负债 + 所有者权益

二、多项选择题题

1. 下列各会计要素中，反映财务状况并在资产负债表中列示的有（　　）。
A. 利润　　B. 负债
C. 资产　　D. 所有者权益

2. 下列各项中，属于企业所有者权益的有（　　）。
A. 实收资本　　B. 库存商品
C. 盈余公积　　D. 资本公积

3. 下列各项关于资产的表述中，正确的有（　　）。
A. 资产的成本或者价值不需要可靠计量
B. 资产预期会给企业带来经济利益的流入
C. 资产是指过去的交易或者事项形成的
D. 资产是企业拥有或者控制

4. 下列关于资产与负债联系和区别的表述中，正确的有（　　）。
A. 企业的资产和负债都是在过去的交易或者事项中所形成的
B. 资产与负债的区别之一是资产会带来经济利益的流入而负债会导致经济利益的流出
C. 资产与负债的共同之处表现在“未来”交易或者事项中所形成的均不作为资产、负债核算内容
D. 资产的和负债的分类都是按流动性划分的

5. 关于会计要素，下列说法中表述正确的有（　　）。

A. 费用可能表现为企业负债的减少

B. 收入可能表现为企业负债的减少

C. 收入会导致所有者权益的增加

D. 收入既包括本企业经济利益的流入，也包括为第三方或客户代收的款项

6. 下列各项中，不符合资产会计要素定义的有（　　　　）。

A. 企业为生产新产品而已经购买的设备

B. 因自然灾害毁损的材料

C. 不能收回的销售货款

D. 因产品更新换代被淘汰的设备

7. 下列公式中，属于会计等式的有（　　　　）。

A. 资产 = 负债 + 所有者权益

B. 收入 − 费用 = 利润

C. 利润总额 = 营业利润 + 营业外收入 − 营业外支出

D. 净利润 = 利润总额 − 所得税费用

8. 下列各项经济业务中，导致资产和负债同时增加的业务有（　　　　）。

A. 购买设备款未付

B. 购入原材料货款尚未支付

C. 用银行存款发放员工工资

D. 取得短期借款存入银行

9. 权益所包括的内容有（　　　　）。

A. 投入资本　　　　B. 负债

C. 银行存款　　　　D. 未分配利润

10. 下列选项中，以“资产 = 负债 + 所有者权益”这一会计等式为理论依据的有（　　　　）。

A. 财产清查　　　　B. 设置账户

C. 复式记账　　　　D. 编制资产负债表

三、判断题

1. 企业为生产产品所发生的生产费用构成企业的产品成本，包括直接材料、直接人工和制造费用。（　　）

2. 收入按其经营业务的主次，可以分为主营业务收入和其他业务收入，非日常活动产生的经济利益的流入属营业外收入。（　　）

3. 所有者权益是指投资者对企业全部资产的要求权，包括实收资本、资本公积和盈余公积三个部分。（　　）

4. 企业的权益就是指所有者权益。（　　）

5. 在计算企业利润时，营业外收入和营业外支出，不影响营业利润但会影响利润总额。（　　）

6. 日常活动是指企业为完成其经营目标所从事的经营性活动以及与之相关的其他活动。（　　）

7. 企业在利润总额的基础上减去所得税后的金额就是净利润。（　　）

8. “资产 = 负债 + 所有者权益”这一会计等式，无论发生任何经济业务都不会破坏其平衡关系，也不会引起等式两边金额的变化。 (   )

9. 流动负债是指将在 1 年或者不超过 1 年的一个正常营业周期内清偿的债务。 (   )

10. 对会计要素计量，一般采用历史成本。 (   )

四、计算综合题

【目的】练习会计基本等式。

【资料】

1. 某企业 7 月初的资产、负债及所有者权益情况如下：

金额单位：元

资　产	金　额	负债及所有者权益	金　额
库存现金	5 000	负债：	
银行存款	13 000	短期借款	104 000
应收账款	14 000	应付账款	25 000
其他应收款	2 000	应付职工薪酬	5 000
生产成本	140 000		
原材料	60 000	所有者权益：	
库存商品	70 000	实收资本	500 000
固定资产	400 000	盈余公积	50 000
		未分配利润	20 000
合　计	704 000	合　计	704 000

2. 7 月份该企业发生下列几项经济业务：

（1）向甲公司购入原材料一批，计价 20 000 元，材料验收入库，货款未付。

（2）生产车间领用材料 45 000 元投入生产。

（3）向银行借入短期借款 60 000 元存入银行。

（4）以现金暂付职工小张出差费 1 000 元。

（5）以银行存款偿还前欠甲公司材料款 20 000 元。

（6）收到星光公司投入资本 50 000 元存入银行。

（7）收回乙公司前欠货款 10 000 元存入银行。

（8）从银行提取现金 3 000 元。

（9）以银行存款购固定资产一台，价值 30 000 元。

【要求】将资产、负债和所有者权益各项目的 7 月份金额和月内增减变化的金额填入下表中，同时计算出期末余额和合计数。

金额单位：元

资　产	期初数	本月增加数	本月减少数	月末余额	负债及所有者权益	期初数	本月增加数	本月减少数	月末余额
库存现金					负债：				
银行存款					短期借款				
应收账款					应付账款				
其他应收款					应付职工薪酬				
生产成本					负债合计				
原材料					所有者权益：				
库存商品					实收资本				
固定资产					盈余公积				
					未分配利润				
					所有者权益合计				
总　计					总　计				

第三单元 Chapter 3

账户和复式记账

第一节　会计科目

单项选择题

1. 对会计要素的具体内容进行分类称为（　　）。
   A. 会计科目　　B. 会计原则
   C. 会计要素　　D. 会计方法
2. 下列不属于资产类会计科目的是（　　）。
   A. 应收账款　　B. 原材料
   C. 预付账款　　D. 预收账款
3. 下列属于非流动负债会计科目的是（　　）。
   A. 应付职工薪酬　　B. 应交税费
   C. 应付账款　　D. 应付债券
4. 下列不属于反映留存收益会计科目的是（　　）。
   A. 盈余公积　　B. 资本公积
   C. 本年利润　　D. 利润分配
5. 下列属于总分类科目的是（　　）。
   A. “应交增值税”　　B. “应交税费”
   C. “应交消费税”　　D. “应交所得税”

多项选择题

1. 下列会计科目属于成本类的科目有（　　　）。
   A. “原材料”　　B. “库存商品”
   C. “制造费用”　　D. “生产成本”
2. 下列项目中，属于损益类会计科目的有（　　　）。
   A. “固定资产”　　B. “利润分配”
   C. “管理费用”　　D. “投资收益”

3. 下列会计科目中，属于资产类科目的有（　　）。

A. “预付账款”　　B. “应收账款”

C. “预收账款”　　D. “其他应收款”

4. 下列会计科目中，属于负债类科目的有（　　）。

A. “短期借款”　　B. “预付账款”

C. “应付账款”　　D. “应交税费”

5. 下列会计科目中，属于所有者权益类科目的有（　　）。

A. “盈余公积”　　B. “投资收益”

C. “本年利润”　　D. “利润分配”

6. 下列各项中，属于企业债权的有（　　）。

A. 应收账款　　B. 应付账款

C. 预收账款　　D. 预付账款

7. 下列属于会计科目中的总分类科目的有（　　）。

A. “货币资金”　　B. “原材料”

C. “库存商品”　　D. “未分配利润”

判断题

1. 企业的明细分类科目必须按国家统一会计制度的规定开设。（　　）

2. 总分类科目和明细分类科目是各自独立，没有关联的。（　　）

3. 会计要素是对会计对象的基本分类，会计科目是对会计要素的具体内容进行的进一步分类。（　　）

4. 总分类科目对明细分类科目有统驭和控制的作用。（　　）

5. “实收资本”、“资本公积”、“盈余公积” 和 “未分配利润” 都是所有者权益类的会计科目。（　　）

6. 总分类科目反映各种经济业务的概括情况。（　　）

实训题

实训 3－1

【目的】熟悉会计科目。

【要求】请将左侧的会计科目与右侧其归属的会计要素类别画连接线。

1. 库存现金
2. 固定资产
3. 短期借款
4. 生产成本
5. 主营业务收入
6. 制造费用
7. 应收账款
8. 应付职工薪酬
9. 盈余公积
10. 财务费用
11. 应付账款
12. 预收账款
13. 未分配利润
14. 营业外支出
15. 无形资产

A. 资产类

B. 负债类

C. 所有者权益类

D. 成本类

E. 损益类

第二节　账　　户

单项选择题

1. 下列账户中，在会计期末一般没有余额的账户是（　　）。

A. 应付账款　　B. 财务费用

C. 利润分配　　D. 实收资本

2. “生产成本”账户的期末余额反映（　　）。

A. 销售成本　　B. 在产品成本

C. 经营成本　　D. 半成品

3. 账户的对应关系是指（　　）。

A. 借贷必相等　　B. 账户平行登记

C. 账户之间的相互依存关系　　D. 总账与所属明细账的关系

4. 把账户分为借贷两方，哪一方记增加金额，哪一方记减少金额，是根据（　　）。

A. 采用什么记账形式所判定的

B. 采用什么核算方法所决定的

C. 账户所反映的经济内容即账户的性质所决定的

D. 增加数记借方、减少数记贷方

5. 企业期初资产总额 100 万元，本期接受投资 30 万元，偿还负债 10 万元，收回欠款 5 万元，则期末的资产总额应为（　　）。

A. 120 万元　　B. 110 万元

C. 125 万元　　D. 130 万元

6. 某账户本期期初余额为5 000元，本期期末余额为7 000元，本期减少发生额为8 000元，则该账户本期增加发生额为（　　）。

A. 4 000元　　B. 10 000元

C. 6 000元　　D. 12 000元

7. 对于所有者权益类账户而言（　　）。

A. 增加记借方　　B. 增加记贷方

C. 减少记贷方　　D. 期末无余额

8. 资产类账户的期末余额一般在（　　）。

A. 借方　　B. 借方或贷方

C. 贷方　　D. 借方和贷方

9. 下列账户中，期末结转后无余额的账户是（　　）。

A. “实收资本”　　B. “应付账款”

C. “固定资产”　　D. “管理费用”

10. 下列符合负债类账户记账规则的是（　　）。

A. 增加额记借方　　B. 增加额记贷方

C. 减少额记贷方　　D. 期末无余额

多项选择题

1. 在下列项目中，属于会计账户金额要素的有（　　）。

A. 本期借方发生额　　B. 本期贷方发生额

C. 期初余额　　D. 期末余额

2. 下列属于负债类账户的有（　　）。

A. “应付职工薪酬”　　B. “应收票据”

C. “管理费用”　　D. “长期借款”

3. 下列属于所有者权益账户的有（　　）。

A. “无形资产”　　B. “盈余公积”

C. “管理费用”　　D. “本年利润”

4. 下列项目中，增加用“贷”表示的会计要素为（　　）。

A. 资产　　B. 负债

C. 所有者权益　　D. 收入

5. 会计账户结构一般应包括的内容有（　　）。

A. 账户名称　　B. 日期、摘要

C. 凭证编号　　D. 增加、减少金额及余额

6. 下列账户中，期末结转后应无余额的账户有（　　）。

A. “主营业务收入”　　B. “主营业务成本”

C. “实收资本”　　D. “短期借款”

7. 经济业务发生后，一方面引起资产项目增加，另一方面还可能引起（　　）。

A. 负债项目增加　　B. 负债项目减少

C. 所有者权益增加　　D. 所有者权益减少

8. 下列选项中，属于本期发生额的有（　　）。

A. 期初余额　　B. 本期增加金额

C. 本期减少金额　　D. 期末余额

9. 账户按其所提供信息的详细程度及其隶属关系不同分为（　　）。

A. 资产类账户　　B. 总分类账户

C. 明细分类账户　　D. 负债类账户

判断题

1. 账户有一定的格式和结构，会计科目是账户的名称。（　　）

2. 设置账户是会计核算的方法之一。（　　）

3. 会计科目和账户二者反映的会计要素的具体内容不同。（　　）

4. 会计科目是设置账户的依据，账户是依据会计科目开设的。（　　）

5. 账户的基本空间结构包括两部分，一部分用来登记增加额，另一部分用来登记减少额。（　　）

实训题

实训 3－2

【目的】 熟悉账户的分类。

【资料】 某厂资料如下（金额省略）：

1. 企业的厂房及机器设备　　2. 仓库储存的材料

3. 企业持有的库存现金　　4. 企业存在银行的存款

5. 企业拥有的专利权价值　　6. 企业待出售商品

7. 企业管理部门购买办公用品费　　8. 企业应付职工的工资

9. 企业应付采购材料款　　10. 企业为销售产品发生的广告费

11. 企业从银行取得的短期借款　　12. 企业从利润中提取的公积金

【要求】 分析上述项目的内容应在哪些账户中反映，写出账户的名称。

实训 3－3

【目的】熟悉账户的发生额与余额。

【资料】企业 10 月份发生下列几项经济业务：

10 月 1 日，原材料账户余额为 35 000 元。

10 月 5 日，收入原材料 58 000 元。

10 月 8 日，发出原材料 31 000 元。

10 月 12 日，收入原材料 73 000 元。

10 月 14 日，收入原材料 39 000 元。

10 月 22 日，发出原材料 24 000 元。

10 月 25 日，发出原材料 13 000 元。

【要求】计算下列各项：

1. 原材料账户期初余额＝
2. 原材料账户本期增加发生额＝
3. 原材料账户本期减少发生额＝
4. 原材料账户期末余额＝

第三节　复式记账

单项选择题

1. 运用借贷记账法登记账户时，有关账户之间存在着（　　）。

A. 统驭关系　　B. 对应关系

C. 从属关系　　D. 控制关系

2. “借”、“贷”作为记账符号所表示的含义是（　　）。

A. 记账方向　　B. 借款和贷款

C. 债权和债务　　D. 平衡关系

3. 在复合会计分录“借：原材料 50 000；贷：银行存款 30 000，贷：应付账款 20 000”中，“银行存款”账户的对应账户是（　　）。

A. “应付账款”　　B. “银行存款”

C. “原材料”　　D. “原材料”和“银行存款”

4. 如果全部账户的借方余额等于全部账户的贷方余额，那就说明账户记录（　　）。

A. 完全正确　　B. 不正确

C. 不一定正确　　D. 基本正确

5. 下列关于借贷记账法的试算平衡公式表述正确的是（　　）。

A. 每个账户借方发生额等于每个账户贷方发生额

B. 所有账户借方期末余额合计等于所有账户贷方期末余额合计

C. 所有资产类账户借方发生额合计等于所有权益账户借方发生额合计

D. 所有资产类账户借方发生额合计等于所有权益类账户贷方发生额合计

6. 下列会计分录中属于简单会计分录的是（　　）。

A. 一借一贷的会计分录　　B. 一借多贷的会计分录

C. 一贷多借的会计分录　　D. 多借多贷的会计分录

7. 我国目前采用的复式记账法是（　　）。

A. 增减记账法　　B. 收付记账法

C. 借贷记账法　　D. 单式记账法

8. 下列错误中，能够通过试算平衡查找的是（　　）。

A. 重记交易、事项　　B. 漏记交易、事项

C. 会计分录中借贷方向颠倒　　D. 借贷金额不等

9. 总分类科目和明细分类科目，是按照反映会计信息的（　　）程度进行的分类。

A. 内容　　B. 用途

C. 结构　　D. 详细

10. 借贷记账法下，采用发生额试算平衡法时，试算平衡公式是（　　）。

A. 全部账户借方发生额合计等于全部账户贷方发生额合计

B. 每个账户借方发生额合计等于该账户贷方发生额合计

C. 全部资产类账户借方发生额合计等于全部负债类账户贷方发生额合计

D. 全部资产类账户借方发生额合计等于全部所有者权益账户贷方发生额合计

11. 借贷记账法下的发生额平衡是由（　　）决定的。

A. “有借必有贷，借贷必相等”的记账规则

B. 账户的结构

C. “资产＝权益”的会计等式

D. 平行登记要点

12. 下列会计分录中，属于复合会计分录的是（　　）。

A. 借：原材料		5 000	
	贷：银行存款		5 000
B. 借：银行存款		1 000	
	贷：库存现金		1 000
C. 借：生产成本		5 000	
	贷：制造费用		5 000
D. 借：生产成本		7 202	
制造费用		1 200	
	贷：累计折旧		8 402

13. 对于所发生的经济业务事项，以会计凭证为依据，一方面记入总分类账户，另一方面记入所属明细分类账户，下列各项中属于该记账方法的是（　　）。

A. 复式记账法　　B. 借贷记账法

C. 平行登记　　D. 同时登记

14. 下列关于借贷记账法下“贷”的表述中，正确的是（　　）。

A. 收入的减少　　B. 负债的减少
C. 资产的增加　　D. 费用的减少

15. 对某项经济业务按照复式记账的要求，标明应借、应贷科目名称及其金额的记录称为（　　）。
A. 科目　　B. 对应关系
C. 会计分录　　D. 对应科目

16. 复式记账法是以（　　）为记账基础的一种记账方法。
A. 试算平衡　　B. 资产和权益平衡关系
C. 会计科目　　D. 经济业务

17. 某企业库存商品总分类账的本期借方发生额为 50 万元，贷方发生额为 30 万元，其所属的三个明细分类账中：甲商品本期借方发生额为 20 万元，贷方发生额为 9 万元；乙商品借方发生额为 15 万元，贷方发生额为 11 万元，则丙商品的本期借贷发生额分别为（　　）。
A. 借方发生额为 85 万元，贷方发生额为 50 万元
B. 借方发生额为 15 万元，贷方发生额为 10 万元
C. 借方发生额为 15 万元，贷方发生额为 50 万元
D. 借方发生额为 85 万元，贷方发生额为 10 万元

多项选择题

1. 下列会计分录中属于复合会计分录的有（　　）。
A. 一借一贷的会计分录　　B. 一借多贷的会计分录
C. 一贷多借的会计分录　　D. 多借多贷的会计分录

2. 账户借方登记增加额的有（　　）。
A. 资产　　B. 负债
C. 成本　　D. 费用

3. 经济业务发生后，编制的会计分录是要指明（　　）。
A. 经济业务的性质　　B. 应记入的账户名称
C. 应借或应贷的方向　　D. 应记入的金额

4. 总分类账户和明细分类账户平行登记的要点概括为（　　）。
A. 登记的依据相同　　B. 登记会计期间相同
C. 记账的方向相同　　D. 登记的金额相等

5. 下列各项中属于负债的有（　　）。
A. 应收账款　　B. 应付账款
C. 预付账款　　D. 应交税费

6. 根据借贷记账法的账户结构，账户贷方登记的内容有（　　）。
A. 收入的增加　　B. 所有者权益的增加
C. 资产的增加　　D. 负债的增加

7. 下列选项中，属于借贷记账法下试算平衡方法的有（　　）。
A. 发生额试算平衡方法　　B. 总额试算平衡方法

C. 差额试算平衡方法　　D. 余额试算平衡方法

8. 下列选项中，属于总分类科目和明细分类科目的平行登记要点的有（　　）。
   A. 所依据会计凭证相同
   B. 借贷方向相同
   C. 所属会计期间相同
   D. 记入总分类科目的金额和计入其所属明细分类科目的合计金额相等
9. 下列属于会计分录内容的有（　　）。
   A. 经济业务摘要　　B. 会计科目名称
   C. 经济业务发生额　　D. 记账方向
10. 下列说法正确的有（　　）。
   A. 资产类账户增加记贷方，减少记借方
   B. 负债类账户增加记贷方，减少记借方
   C. 收入类账户增加记贷方，减少记借方
   D. 费用类账户增加记贷方，减少记借方
11. 会计分录的内容包括（　　）。
   A. 经济业务内容摘要　　B. 科目名称
   C. 经济业务发生额　　D. 应借应贷方向
12. 下列账户中期末余额在贷方的有（　　）。
   A. “预收账款”　　B. “应收账款”
   C. “应付账款”　　D. “累计折旧”
13. 下列关于平行登记的说法正确的有（　　）。
   A. 总账账户的期初余额 = 明细账账户期初余额合计
   B. 计入总分类账户的金额与计入其所属明细分类账户的合计金额相等
   C. 总账账户的本期发生额 = 所属明细账户本期发生额合计
   D. 总账账户的期末余额 = 所属明细账账户期末余额合计
14. 下列计入贷方的有（　　）。
   A. 资产的增加额　　B. 负债的增加额
   C. 所有者权益的增加额　　D. 费用的增加额
15. 下列用公式表示的试算平衡关系，正确的有（　　）。
   A. 全部账户本期借方发生额合计 = 全部账户本期贷方发生额合计
   B. 全部账户的借方期初余额合计 = 全部账户的贷方期初余额合计
   C. 负债类账户借方发生额合计 = 负债类账户贷方发生额合计
   D. 资产类账户借方发生额合计 = 资产类账户贷方发生额合计
16. 在借贷记账法下，可以在账户借方登记的有（　　）。
   A. 资产的增加　　B. 负债的增加
   C. 收入的增加　　D. 所有者权益的减少
17. 某企业以银行存款购入原材料，涉及的账户有（　　）。
   A. “库存商品”　　B. “原材料”
   C. “银行存款”　　D. “应付账款”

18. 在借贷记账法下，当借记“银行存款”时，下列会计科目中可能成为其对应科目的有（　　）。

A. “实收资本”　　B. “库存现金”

C. “主营业务成本”　　D. “本年利润”

19. 对于大多数资产、成本类账户而言（　　）。

A. 增加记借方　　B. 增加记贷方

C. 减少记贷方　　D. 期末无余额

20. 在借贷记账法下，当贷记“银行存款”时，下列会计科目中可能成为其对应科目的有（　　）。

A. “管理费用”　　B. “库存现金”

C. “应付账款”　　D. “本年利润”

判断题

1. 会计分录三要素：借贷方向、会计科目、金额。（　）
2. 试算平衡后的结果平衡了，说明账户记录是绝对正确的。（　）
3. 复式记账法是指对于发生的每一项经济业务都要以相等的金额同时在相互联系的两个账户中进行登记的一种记账方法。（　）
4. 在平行登记法下，对每一项经济业务既要记入有关的总分类账户，又要记入所属的明细分类账户。（　）
5. 核算期间费用的各账户期末结转入“本年利润”账户后应无余额。（　）
6. 全部总分类账的月末借方余额合计数应当同月末贷方余额合计数核对相符。（　）
7. 对于一项经济业务，总分类账户登记在借方，其所属明细分类账户可以登记在贷方。（　）
8. 在借贷记账法中“贷”方表示收入的增加、费用的减少和负债的增加。（　）
9. 在借贷记账法下，所有者权益类账户与收入类账户的结构完全相同。（　）
10. 某企业银行存款期初借方余额为10万元，本期借方发生额为5万元，本期贷方发生额为3万元，则期末借方余额为12万元。（　）
11. 资产类科目的期末余额（借方）＝期初余额（借方）＋本期借方发生额－本期贷方发生额。（　）
12. 总分类账户与明细分类账户登记的原始依据和详细程度不同。（　）
13. 复式记账的会计分录能反映经济业务的来龙去脉，所以会计在填制记账凭证时“摘要”一栏可以不填写。（　）

实训题

实训3－4

【目的】熟悉借贷记账法及试算平衡。

【资料】

1. 某企业本年10月初拥有资产总额300 000元，有关资料见表3-1。

表3-1

资产类账户	借方余额	权益类账户	贷方余额
库存现金	20 000	应付账款	40 000
银行存款	60 000	短期借款	50 000
应收账款	35 000	实收资本	150 000
原材料	35 000	资本公积	20 000
库存商品	50 000	盈余公积	40 000
固定资产	80 000		
无形资产	20 000		
合计	300 000	合计	300 000

2. 该企业10月份发生以下交易、事项：

（1）5日，收到某单位投资的一项非专利技术，价值50 000元。

（2）8日，收到丙单位归还的前欠货款20 000元，存入银行。

（3）12日，以银行存款归还短期借款30 000元。

（4）25日，购入某项设备，价值40 000元，银行存款支付。

（5）26日，将现金10 000元送存银行。

（6）28日，经批准将资本公积20 000元转增企业资本。

【要求】

1. 根据10月份发生的交易、事项写出相关的会计分录。

(1)	(2)
(3)	(4)
(5)	(6)

2. 根据资料1，登记表3-2中的“期初余额”栏。

3. 根据所做会计分录直接登记试算平衡表（表3-2）中的“本期发生额”栏并结出期末余额，进行试算平衡。

表 3-2　　　　试算平衡表

××年10月31日

账户	期初余额		本期发生额		期末余额	
	借方	贷方	借方	贷方	借方	贷方
库存现金						
银行存款						
应收账款						
原材料						
库存商品						
固定资产						
无形资产						
应付账款						
短期借款						
实收资本						
资本公积						
盈余公积						
合计						

实训 3-5

【目的】 熟悉借贷记账法。

【资料】 正兴公司本年6月份发生如下交易、事项：

1. 2日收到联营单位投入的款项98 600元，存入银行。
2. 2日从银行取得三年期借款38 000元。
3. 3日以现金300元支付厂部办公费。
4. 4日以银行存款2 000元支付前欠北苑厂货款。
5. 4日收到某单位的一项专利权投资，价值60 000元。
6. 5日从银行提现金245 000元。
7. 7日以现金支付本月应付的职工工资245 000元。
8. 8日采购员王文预借差旅费4 000元，以现金支付。
9. 10日将现金1 000元送存银行。
10. 12日收到前卫工厂前欠货款30 000元，款项存入银行。

【要求】 写出上述交易、事项的会计分录。

(1)	(2)
(3)	(4)
(5)	(6)
(7)	(8)
(9)	(10)

实训 3－6

【目的】 掌握各账户本期发生额与期末余额的关系。

【资料】 见表 3－3 至表 3－6。

【要求】

1. 计算填列 3－3 表中空格的数字并用“借”、“贷”表示出期末余额的方向。

表 3－3

账户名称	期初余额		本期发生额		借或贷	期末余额
	借方	贷方	借方	贷方		
长期借款		15 000	16 000	10 000		
无形资产	25 000		35 000			5 000
库存现金			400	600		200
银行存款	60 000			58 000		7 000
资本公积		73 000		80 000		53 000
原材料	3 000			1 600		6 000
固定资产	6 000			20 000		10 000

2. 计算填列表 3－4、表 3－5 中空格的数字。

表 3－4 **账户名称：应付账款**

年		凭证号数	摘要	借方	贷方	借或贷	余额
月	日						
			期初余额			贷	13 000
			购材料		1 500		
			偿还货款	4 000			
			购材料			贷	25 000
			偿还货款	100			
			购材料		3 000		
			购材料		5 000		
			本期发生额及期末余额				

表 3－5 **账户名称：库存现金**

年		凭证号数	摘要	借方	贷方	借或贷	余额
月	日						
			期初余额			借	1 700
			由银行提取现金	700			
			销售产品收入	800			3 200
			支付备用金		200	借	
			购买办公用品		500		
			本期发生额及余额				

3. 表 3－6 是一张不完整的试算平衡表，计算并填列表中有关数字。

表 3－6 **试算平衡表**

会计科目	期初余额		本期发生额		期末余额	
	借方	贷方	借方	贷方	借方	贷方
固定资产	250 000		50 000	—		
原材料	120 000			5 000	120 000	
生产成本			5 000	5 000	65 000	
库存商品	40 000			—	45 000	
库存现金	300		—	—		
银行存款			10 000	18 000	6 700	
应收账款	10 000		—	—		
预付账款			—	—	12 000	
实收资本		250 000	—			300 000
资本公积			—	10 000		172 000
短期借款		30 000	—			35 000
预收账款			18 000	2 000		29 000
应付账款		5 000	2 000	—		
应付职工薪酬			—	—		12 000
其他应付款		8 000	—	—		
合计						

（注：表中本期发生额栏中划“—”的空格，表示无发生额）

实训 3 -7

【目的】熟悉借贷记账法。

【资料】正航公司本年 6 月份发生如下交易、事项：

1. 2 日收到投资单位分回的利润 86 000 元，存入银行。
2. 2 日收到外商捐赠的设备，价值 48 000 元。
3. 3 日以银行存款 8 000 元支付广告费。
4. 4 日以银行存款 20 000 元购入原材料（不考虑增值税）。
5. 4 日收到长兴公司偿还的前欠货款 60 000 元存入银行。
6. 5 日从银行提现金 58 000 元。
7. 7 日以现金支付本月应付的职工工资 58 000 元。
8. 8 日盈余公积 54 000 元转增资本。
9. 16 日管理部门领用原材料 5 000 元。
10. 17 日以银行存款 6 600 元支付应缴纳的税金。
11. 18 日从银行取得期限为 6 个月的借款 80 000 元。
12. 20 日以银行存款 90 000 元购入设备。

【要求】用借贷记账法写出上述交易、事项的会计分录。

(1)	(2)
(3)	(4)
(5)	(6)
(7)	(8)
(9)	(10)
(11)	(12)

实训 3 – 8

【目的】练习总账账户与明细账户的平行登记。

【资料】

1. 西苑公司 1 月初原材料总分类账户的借方余额为 54 500 元，其中：

甲材料	3 000 千克	每千克 5 元	计 15 000 元
乙材料	5 000 千克	每千克 7.9 元	计 39 500 元

2. 该公司本月发生以下材料收、发交易、事项：

（1）3 日，购入甲材料 1 000 千克，每千克 5 元，计 5 000 元；购入乙材料 2 000 千克，每千克 7.9 元，计 15 800 元，共计价款 20 800 元，材料验收入库，款以银行存款支付。

（2）6 日，购入甲材料 400 千克，每千克 5 元，计 2 000 元，货款未付，材料入库。

（3）10 日，购入乙材料 500 千克，每千克 7.9 元，计货款 3 950 元，以银行存款支付，料入库。

（4）15 日，生产车间为生产产品领用甲材料 700 千克，每千克 5 元，计 3 500 元。

（5）20 日，生产车间为生产产品领用乙材料 600 千克，每千克 7.90 元，计 4 740 元。

（6）23 日，为生产产品领用甲材料 700 千克，每千克 5 元；领用乙材料 1 200 千克，每千克 7.90 元。

【要求】

1. 根据资料 2 编制会计分录（不考虑增值税）。

（1）	（2）
（3）	（4）
（5）	（6）

2. 根据资料 1 开设“原材料”总分类账户及所属明细账户，并登记期初余额（见表 3 – 7 至表 3 – 9）。

3. 根据会计分录按时间顺序依次登记“原材料”总分类账户及所属明细账户（见表 3 – 7 至表 3 – 9）。

表 3－7　　　　　　　　　　　　　　　　**总分类账**

账户名称：原材料

年		凭证号数	摘　要	借　方	贷　方	借或贷	余　额
月	日						

表 3－8　　　　　　　　　　　　　　　　**原材料明细分类账**

类别：（略）　　　　　品名：甲材料　　　　　规格（略）　　　　　计量单位：千克

年		凭证号数	摘　要	收　入			发　出			结　存		
月	日			数量	单价	金额	数量	单价	金额	数量	单价	金额

表 3－9　　　　　　　　　　　　　　　　**原材料明细分类账**

类别：　　　　　品名：乙材料　　　　　规格（略）　　　　　计量单位：千克

年		凭证号数	摘　要	收　入			发　出			结　存		
月	日			数量	单价	金额	数量	单价	金额	数量	单价	金额

4. 期末结出总类账户和明细分类账户的本期发生额及期末余额，并核对相符（见表 3－10）。

表 3－10　　　　　　**“原材料”明细账户本期发生额及余额表**　　　　　　单位：元

明细账户名称	计量单位	单价	期初余额		本期发生额				期末余额	
			数量	金额	收入		发出		数量	金额
					数量	金额	数量	金额		

单元检测 1

一、单项选择题

1. 下列会计科目中，用于核算企业收到投资者出资额超过其在注册资本中所占份额部分的科目是（　　）。

A. “实收资本”　　B. “资本公积”
C. “盈余公积”　　D. “营业外收入”

2. 企业向银行借入 9 个月的借款 80 000 元，存入银行。该借款属于（　　）。

A. 流动负债　　B. 非流动负债
C. 费用　　D. 流动资产

3. 下列各项中属于营业外支出的是（　　）。

A. 非常损失　　B. 借款利息支出
C. 行政管理部门办公费　　D. 生产工人工资

4. 根据《企业会计准则》规定，下列各项属于企业应采用的记账方法是（　　）。

A. 增减记账法　　B. 借贷记账法
C. 收付记账法　　D. 单式记账法

5. 某企业用盈余公积转增了实收资本，则此业务对会计要素的影响是（　　）。

A. 资产增加　　B. 负债减少
C. 所有者权益增加　　D. 所有者权益不变

二、多项选择题

1. 企业发生费用时，可能产生的结果有（　　）。

A. 资产增加　　B. 负债增加
C. 资产减少　　D. 负债减少

2. 下列属于所有者权益的有（　　）。

A. 资本公积　　B. 应付股利
C. 未分配利润　　D. 盈余公积

3. 在借贷记账法下，当借记“银行存款”时，可能成为其对应账户的有（　　）。

A. “实收资本”　　B. “库存现金”
C. “应收账款”　　D. “本年利润”

4. 下列属于长期负债的有（　　）。

A. 长期应付款　　B. 应付职工薪酬
C. 应付债券　　D. 应付股利

5. 下列属于流动负债的有（　　）。

A. 应付票据　　B. 应付债券
C. 应付股利　　D. 应付职工薪酬

三、判断题

1. 工业企业出售商品和出售固定资产均属于企业的主营业务收入。 （　　）
2. 利润包括收入减去费用后的净额、直接计入当期利润的得利和损失。 （　　）
3. 借贷记账法下，负债类账户和所有者权益类账户增加登记在贷方，减少登记在借方。 （　　）
4. 会计对经济活动中使用的财产物资、发生的劳动耗费及劳动成果等以货币作为主要计量单位，进行系统的记录、计算、分析和考核，以达到加强经济管理的目的。 （　　）
5. 所有者投入的资本通常表现为货币资金，如现金、银行存款，但有时也表现为存货、固定资产等非货币资产。 （　　）

四、完成下列表格

账户名称	期初余额		本期发生额		期末余额	
	借方	贷方	借方	贷方	借方	贷方
银行存款	200 000	—	350 000		530 000	—
固定资产		—	27 000	10 000	198 000	—
应付账款	—	50 000	5 000	8 000	—	
实收资本	—	300 000		20 000	—	280 000
管理费用	—	—	8 700		—	—

五、编制会计分录

1. 企业从银行提取现金 3 200 元。

2. 企业以银行存款 4 500 元购买原材料（不考虑增值税）。

3. 销售商品收到 5 000 元收入存入银行（不考虑增值税）。

4. 以银行存款支付职工工资 80 000 元。

5. 以银行存款偿还前欠货款36 000元。

单元检测2

一、单项选择题

1. 下列各项属于损益类会计科目的是（　　）。

A. “制造费用”　　B. “投资收益”

C. “本年利润”　　D. “生产成本”

2. 下列各项中，属于非流动资产类的是（　　）。

A. 在建工程　　B. 应收账款

C. 预收账款　　D. 库存商品

3. 在我国，总分类科目制定的部门是（　　）。

A. 财政部　　B. 银监部

C. 保监部　　D. 国家税务总局

4. 下列会计科目中，与“管理费用”属于同一类科目的是（　　）。

A. “无形资产”　　B. “本年利润”

C. “应交税费”　　D. “税金及附加”

5. 某企业2月份发生以下经济业务：①本月预付全年水电费3 600元；②本月购入办公用品2 000元，款项尚未支付；③计提本月短期借款利息5 000元。按照权责发生制，该企业本月应确认费用（　　）元。

A. 10 600　　B. 8 600

C. 7 300　　D. 5 300

二、多项选择题

1. 下列会计要素中，属于动态会计要素的有（　　）。

A. 所有者权益　　B. 费用

C. 资产　　D. 利润

2. 资产按变现或耗用时间的长短，可分为（　　）。

A. 流动资产　　B. 非流动资产

C. 其他资产　　D. 固定资产

3. 下列各项中，属于企业生产经营过程中形成的债务的有（　　）。

A. 应付票据　　B. 预付账款

C. 应付账款　　D. 实收资本

4. 经济业务中“贷：银行存款 ”时，其借方对应的账户可能有（　　）。

A. “库存现金”　　B. “原材料”

C. “固定资产”　　D. “短期借款”

5. 下列属于流动资产的有（　　）。

A. 其他货币资金　　B. 预收账款

C. 预付账款　　D. 应收账款

三、判断题

1. 会计要素是对会计对象的基本分类，会计科目是对会计要素具体内容进行分类核算的项目。（　）

2. 资产类账户和成本类账户结构完全相同。（　）

3. 企业可以根据需要选用单式记账法或复式记账法。（　）

4. 总分类账户能够详细地反映各种经济业务的情况。（　）

5. 生产成本和劳务成本属于成本类会计科目，研发支出和制造费用属于损益类会计科目。（　）

四、编制会计分录

1. 从银行借入期限为 3 年的借款 40 000 元。

2. 以银行存款支付管理部门办公费 3 100 元。

3. 以银行存款支付利息费用 2 200 元。

4. 零星销售商品收到现金 300 元（不考虑增值税）。

5. 以银行存款支付广告费 38 000 元。

五、完成下列总账与明细账的平行登记

1. 鑫鑫公司 5 月 1 日原材料总分类账户的借方余额为 35 000 元，其中：

甲材料　　1 000 千克　　每千克 20 元　　计 20 000 元

乙材料　　500 千克　　每千克 30 元　　计 15 000 元

2. 该公司本月发生以下经济业务，编制相关会计分录（不考虑增值税）：

（1）3 日，购入甲材料 200 千克，每千克 20 元，计 4 000 元，购入乙材料 1 000 千克，每千克 30 元，计 30 000 元，共计价款 34 000 元，材料验收入库，款以银行存款支付。

（2）6 日，购入甲材料 500 千克，每千克 20 元，计 10 000 元，货款未付，材料入库。

（3）10 日，购入乙材料 500 千克，每千克 30 元，货款 15 000 元，款以银行存款支付，料入库。

（4）15 日，生产车间为生产产品领用甲材料 600 千克，每千克 20 元，计 12 000 元。

（5）20 日，生产车间为生产产品领用乙材料 600 千克，每千克 30 元，计 18 000 元。

3. 完成“原材料”账户总分类账的登记。

总 分 类 账

账户名称：原材料

年		凭证号数	摘　要	借　方	贷　方	借或贷	余　额
月	日						

4. 完成“原材料——甲材料”账户明细分类账的登记。

原材料明细分类账

类别：（略）　　品名：甲材料　　规格（略）　　计量单位：千克

年		凭证号数	摘　要	收　　入			发　　出			结　　存		
月	日			数量	单价	金额	数量	单价	金额	数量	单价	金额

5. 完成“原材料——乙材料”账户明细分类账的登记。

原材料明细分类账

类别：　　品名：乙材料　　规格（略）　　计量单位：千克

年		凭证号数	摘　要	收　　入			发　　出			结　　存		
月	日			数量	单价	金额	数量	单价	金额	数量	单价	金额

第四单元 *Chapter 4*

主要经济业务的核算

第一节　筹集资金的核算

单项选择题

1. 企业收到投入资本，应记入（　　）账户的贷方。

A. “资本公积”　　B. “盈余公积”

C. “实收资本”　　D. “利润分配”

2. （　　）账户用以核算企业收到投资者出资超出其在注册资本所占份额的部分。

A. “实收资本”　　B. “资本公积”

C. “盈余公积”　　D. “投资收益”

3. 企业接受外商捐赠机器设备应记入的贷方账户是（　　）。

A. “实收资本”　　B. “资本公积”

C. “营业外收入”　　D. “投资收益”

4. 用于核算企业向银行或其他金融机构借入的期限在一年以上的各种借款的取得及偿还情况的账户是（　　）。

A. “应付利息”　　B. “财务费用”

C. “短期借款”　　D. “长期借款”

多项选择题

1. 企业进行生产经营所需要的资金主要来源于两个渠道，包括（　　　　）。

A. 所有者投入的资金　　B. 从债权人借入的资金

C. 从企业职工工资中扣款　　D. 营业收入

2. 为了记录筹集资金过程发生的投入资本的经济业务，应设置的账户有（　　　　）。

A. “实收资本”　　B. “资本公积”

C. “盈余公积”　　D. “投资收益”

3. 进行借入资金核算的账户包括（　　　　）。

A. “实收资本”　　B. “资本公积”

C. “短期借款”　　　　　　　　D. “长期借款”

判断题

1. 企业接受外商投资设备，应贷记资本公积。 (　　)

2. “固定资产”账户属于资产类账户，用于核算企业的专利权、商标权、著作权、非专利技术等无形资产的增减变动情况。 (　　)

3. 企业收到联营公司投入的设备，应按所占份额贷记“实收资本”。 (　　)

4. 接受投资时按双方协议约定注册资本的部分记到“实收资本”账户的贷方；差额作为资本溢价，记“资本公积”账户的贷方。 (　　)

实训题

实训 4－1

【目的】熟悉企业筹资交易、事项的会计记录。

【资料】华新公司某年 12 月份发生下列交易、事项：

1. 12 月 3 日，收到国家投资 150 000 元，存入银行。

2. 12 月 9 日，收到联营甲单位投入设备一台，价值 65 000 元；投入专利权一项，价值 200 000 元。双方协商占华新公司注册资本 180 000 元。

3. 12 月 10 日，从银行取得 3 个月期的借款 100 000 元，存入企业的银行存款户。

4. 12 月 22 日，经批准，以资本公积转增注册资本 200 000 元。

5. 12 月 31 日，以盈余公积 50 000 元转增资本。

【要求】根据上述交易、事项编制相关会计分录。

(1)	(2)
(3)	(4)
(5)	

第二节　材料采购过程的核算

单项选择题

1. （　　）账户用于核算企业采用实际成本进行材料日常核算，货款已付尚未到达或尚未验收入库材料的采购成本。

A. “材料采购”　　B. “应付账款”
C. “原材料”　　D. “在途物资”

2. 企业无论从何种途径取得的材料，都要通过（　　）核算。

A. “材料采购”账户　　B. “应付账款”账户
C. “原材料”账户　　D. “预付账款”账户

3. 为了反映库存材料的增减变化及其结存情况，应设置的账户是（　　）。

A. “材料采购”　　B. “原材料”
C. “存货”　　D. “直接材料”

4. 购入并验收入库的材料，应借记（　　）账户。

A. “材料采购”　　B. “应付账款”
C. “原材料”　　D. “在途物资”

5. （　　）账户用于核算企业因购买材料、商品或接受劳务等经营活动应支付给供应单位的款项。

A. “材料采购”　　B. “应付账款”
C. “原材料”　　D. “预付账款”

6. 企业为购进材料，预付的款项应通过（　　）账户核算。

A. “预付账款”　　B. “应收票据”
C. “应付账款”　　D. “应收账款”

多项选择题

1. 材料采购过程核算的主要内容包括（　　　）。

A. 确认计算材料采购的成本　　B. 与供货单位办理价款结算
C. 材料验收入库等　　D. 核算投入资本

2. 购进商品时，借记“在途物资”账户，可能贷记（　　　）账户。

A. “银行存款”　　B. “库存现金”
C. “应交税费”　　D. “应付账款”

3. 为了核算企业应交增值税的发生、缴纳、退税及转出等情况，应在“应交税费”账户下设置“应交增值税”明细账户。“应交税费——应交增值税”科目的细目包括（　　　）。

A. “进项税额”　　B. “销项税额”

C. “已交税金”　　　　　　　　　　D. “进项税额转出”

4. 购入的材料验收入库，下列会计分录正确的有（　　）。

A. 借：原材料
　　贷：应付账款

B. 借：在途物资
　　贷：原材料

C. 借：原材料
　　贷：在途物资

D. 借：在途物资
　　贷：应付账款

判断题

1. 材料采购成本应包括购买价、相关税费、运输费、装卸费、保险费以及其他可归属于存货采购成本的费用。（　　）

2. 凡是在期末存放在本企业的各种材料，均属本企业的材料存货。（　　）

3. 为了核算企业应交增值税的发生、缴纳、退税及转出等情况，应在“应交税费”账户下设置“应交增值税”明细账户。（　　）

4. 小规模纳税人以及购入材料不能取得增值税专用发票的，发生的增值税计入应交税费。（　　）

5. 为购买材料以银行存款预付某公司货款，应记入“应付账款”账户的借方。（　　）。

实训题

实训 4－2

【目的】熟悉材料采购交易、事项的会计记录。

【资料】南方公司 12 月份发生下列材料采购交易、事项：

1. 12 月 3 日从志远工厂购进甲材料 15 000 千克，增值税专用发票所列单价 5.00 元，计买价 75 000 元，进项税额 9 750 元，志远工厂代垫运费 1 500 元，款项以银行存款支付，材料尚未运到。

2. 12 月 6 日，从志远工厂购进的甲材料已到，并验收入库。

3. 12 月 8 日，从东方工厂购进乙材料 20 吨，增值税专用发票所列单价为 1 800 元，计买价 36 000 元，进项税额 4 680 元，东方工厂代垫运费 2 000 元，款未付。

4. 12 月 15 日，以银行存款偿还东方工厂乙材料款 44 120 元。

5. 12 月 16 日，从东方工厂购进的乙材料已运到，并验收入库。

6. 12 月 20 日，从新华工厂购进丙材料 8 000 千克，增值税专用发票所列单价 7.00 元，计买价 56 000 元，进项税额 7 280 元，供方代垫运费 2 400 元，价款尚未支付。

7. 12 月 28 日，按合同约定，为购买丙材料以银行存款 15 000 元预付远航厂货款。

8. 12 月 30 日，28 日预付远航厂货款购买的丙材料已运到，增值税专用发票上记载的货款为 10 000 元，增值税 1 300 元，供货方代垫运杂费 500 元，余款退回存入银行。

【要求】根据上述交易、事项编制相关会计分录。

(1)	(2)
(3)	(4)
(5)	(6)
(7)	(8)

第三节　产品生产过程的核算

单项选择题

1. （　　）账户用于核算企业进行工业性生产发生的各项生产成本，计算产品的制造成本。

A. “生产成本”　　B. “制造费用”

C. “管理费用”　　D. “库存商品”

2. （　　）账户用于核算企业生产车间（部门）为生产产品和提供劳务而发生的各项间接费用。

A. “生产成本”　　B. “制造费用”

C. “管理费用”　　D. “库存商品”

3. “制造费用”账户属于（　　）。

A. 资产类账户　　B. 损益类账户

C. 成本类账户　　D. 负债类账户

4. 下列账户中，不会出现期末贷方余额的账户有（　　）。

A. “生产成本”　　B. “累计折旧”

C. “应付利息”　　D. “应付职工薪酬”

5. 企业筹建期间发生的开办费应记入（　　）账户的借方。

A. “生产成本”　　B. “制造费用”
C. “管理费用”　　D. “财务费用”

6. （　　）账户用于核算企业为筹集生产经营所需资金而发生的筹资费用。
A. “生产成本”　　B. “制造费用”
C. “管理费用”　　D. “财务费用”

7. 支付生产车间使用的水电费，应记入（　　）账户的借方。
A. “生产成本”　　B. “制造费用”
C. “管理费用”　　D. “财务费用”

8. 支付的包装物押金应通过（　　）账户核算。
A. “应收账款”　　B. “其他应收款”
C. “预收账款”　　D. “预付账款”

9. 企业预提短期借款利息应记入（　　）。
A. “应收利息”账户　　B. “递延资产”账户
C. “应付利息”账户　　D. “应付账款”账户

10. 提取生产车间使用的固定资产应计提折旧费记入（　　）账户的借方。
A. “生产成本”　　B. “制造费用”
C. “管理费用”　　D. “累计折旧”

11. “累计折旧”账户属于（　　）。
A. 资产类账户　　B. 损益类账户
C. 所有者权益类账户　　D. 负债类账户

12. “应付职工薪酬”账户属于（　　）。
A. 资产类账户　　B. 损益类账户
C. 所有者权益类账户　　D. 负债类账户

13. 结转本月制造费用时，下列会计分录正确的是（　　）。
A. 借：生产成本
　　贷：制造费用
B. 借：生产成本
　　贷：库存商品
C. 借：制造费用
　　贷：生产成本
D. 借：主营业务成本
　　贷：库存商品

14. 企业预付下年度财产保险费，应记入（　　）。
A. “制造费用”账户　　B. “管理费用”账户
C. “预付账款”账户　　D. “财务费用”账户

多项选择题

1. 产品生产过程核算的主要内容有（　　）。
A. 材料采购成本的计算　　B. 生产耗费的归集和分配
C. 产品制造成本的计算与结转　　D. 利润的形成与分配

2. “生产成本”账户的借方登记的是（　　）。
A. 直接材料　　B. 直接人工

C. 制造费用　　D. 已验收入库的产成品成本

3. 下列费用中属于财务费用的有（　　）。

A. 利息净支出　　B. 保险费

C. 支付给银行及金融机构手续费　　D. 汇兑净损失

4. 下列属于损益类账户的有（　　）。

A. “管理费用”　　B. “财务费用”

C. “制造费用”　　D. “销售费用”

5. 仓库发出材料时，可能借记的账户有（　　）。

A. “生产成本”　　B. “制造费用”

C. “销售费用”　　D. “管理费用”

6. 计提本月应负担的短期借款利息，可能涉及的账户有（　　）。

A. “销售费用”　　B. “财务费用”

C. “管理费用”　　D. “应付利息”

7. 企业计提固定资产折旧时，可能涉及的账户有（　　）。

A. “固定资产”　　B. “累计折旧”

C. “管理费用”　　D. “制造费用”

8. “应付职工薪酬——职工福利”账户的借方登记的是（　　）。

A. 提取的福利费　　B. 支付的职工医药费

C. 支付的职工困难补助　　D. 其他福利费支出

9. 下列费用应该直接计入当期损益的有（　　）。

A. 管理费用　　B. 财务费用

C. 制造费用　　D. 销售费用

判断题

1. 工业企业产品生产过程是连接供应和销售过程的中心环节，产品生产过程也是生产耗费过程。（　　）

2. “累计折旧”账户属于资产类账户，所以其期末余额在借方。（　　）

3. “应付职工薪酬”账户期末无余额。（　　）

4. “应付利息”账户若出现借方余额说明企业实际支付数大于计提数。（　　）

5. 企业支付的包装物押金，应借记“其他应付款”账户。（　　）

6. 结转本月制造费用应贷记“生产成本”账户。（　　）

7. 车间购买办公用品费用，属于管理费用。（　　）

8. 企业计提短期借款利息，应记入“管理费用”账户的借方。（　　）

9. 企业生产用固定资产计提折旧时应直接记入“生产成本”。（　　）

10. 企业以银行存款支付职工医药费用，借记“应付职工薪酬——职工福利”。（　　）

实训题

实训 4－3

【目的】 熟悉产品生产交易、事项的会计记录。

【资料】 南方公司 12 月份发生下列产品生产交易、事项：

1. 12 月 4 日企业耗用材料如表 4－1 所示。

表 4－1

用途	甲材料	乙材料	丙材料	合计
A 产品	6 000	8 000	4 000	18 000
B 产品	5 000	4 000	6 000	15 000
车间消耗	500	900	600	2 000
厂部消耗	200	500	300	1 000
合计	11 700	13 400	10 900	36 000

2. 12 月 5 日，以银行存款支付下年度财产保险费 7 200 元。

3. 12 月 6 日，从银行提取现金 80 000 元，以备发放本月工资。

4. 12 月 6 日，用现金发放本月职工工资 80 000 元。

5. 12 月 10 日，车间购买修理用材料总额 800 元，增值税专用发票上注明增值税额 104 元，以银行存款支付。

6. 12 月 12 日，以现金 350 元购买厂部办公用品。

7. 12 月 14 日，以现金 200 元购买车间办公用品。

8. 12 月 15 日，从银行取得期限为三个月的短期贷款 200 000 元，存入银行。

9. 12 月 20 日，以现金预付采购员吴明差旅费 800 元。

10. 12 月 24 日，吴明出差归来，报销差旅费 600 元，交回现金 200 元。

11. 12 月 31 日，按规定计提本月固定资产折旧费 30 000 元。其中，生产车间使用的固定资产应计提折旧费 20 000 元，企业行政管理部门使用的固定资产应计提折旧费 10 000 元。

12. 12 月 31 日，预提本月应负担的短期借款利息 4 000 元。

13. 12 月 31 日，分配本月份职工工资 91 200 元，其中，生产工人工资 77 520 元（用于 A 产品生产工人工资 47 880 元，B 产品生产工人工资 29 540 元），车间管理人员工资 4 560 元，企业行政管理部门人员工资 9 120 元。

14. 12 月 31 日，结转本月制造费用。其中 A 产品 60%，B 产品 40%。

15. 12 月 31 日，结转本月完工入库 A、B 产品制造成本 A 产品 480 件，每件制造成本 171.70 元，计 82 416 元；B 产品 280 件，每件制造成本 198.80 元，计 55 664 元。

【要求】 根据上述交易、事项编制相关会计分录。

(1)	(2)
(3)	(4)
(5)	(6)
(7)	(8)
(9)	(10)
(11)	(12)
(13)	(14)
(15)	

第四节　销售和利润形成过程的核算

单项选择题

1.（　　）账户用于核算企业经营活动发生的消费税、城市维护建设税、资源税和教育费附加等相关税费。

A.“主营业务成本”　　B.“税金及附加”

C.“管理费用”　　D.“销售费用”

2. 企业支付展览费，应记入（　　）账户的借方。

A.“主营业务成本”　　B.“税金及附加”

C.“管理费用”　　D.“销售费用”

3. 销售材料实现的收入应贷记（　　）账户。

A.“主营业务收入”　　B.“其他业务收入”

C.“投资收益”　　D.“销售费用”

4.“预收账款”账户属于（　　）。

A. 资产类账户　　B. 负债类账户

C. 损益类账户　　D. 所有者权益类账户

5.（　　）账户用于核算企业因销售商品、提供劳务等经营活动，应向购货单位或接受劳务单位收取的款项。

A.“应收账款”　　B.“预收账款”

C.“预付账款”　　D.“其他应收款”

6. 结转本月产品销售成本时，下列会计分录正确的是（　　）。

A. 借：生产成本
　　贷：制造费用

B. 借：生产成本
　　贷：库存商品

C. 借：制造费用
　　贷：生产成本

D. 借：主营业务成本
　　贷：库存商品

7. 计算提取城建税和教育费附加时，应借记（　　）账户。

A.“主营业务成本”　　B.“税金及附加”

C.“应交税费”　　D.“销售费用”

8. 下列可能会与“本年利润”账户贷方发生对应关系的账户是（　　）。

A.“主营业务收入”　　B.“主营业务成本”

C.“库存商品”　　D.“管理费用”

9. 年末，应将本年发生的净亏损转入（　　）账户的借方。

A.“利润分配”　　B.“本年利润”

C.“未分配利润”　　D.“投资收益”

10. 企业当年实现的净利润，记入（　　）账户的贷方。

A. “利润分配” B. “本年利润”

C. “未分配利润” D. “投资收益”

11. （ ）账户用于核算企业对外投资取得的收益或发生的损失。

A. “利润分配” B. “本年利润”

C. “未分配利润” D. “投资收益”

12. “盈余公积”账户属于（ ）。

A. 资产类账户 B. 负债类账户

C. 损益类账户 D. 所有者权益类账户

13. （ ）账户用于核算企业利润的分配（或亏损弥补）和历年分配（或亏损弥补）后的积存余额。

A. “利润分配” B. “本年利润”

C. “未分配利润” D. “投资收益”

14. “应付利润”账户属于（ ）。

A. 资产类账户 B. 负债类账户

C. 损益类账户 D. 所有者权益类账户

多项选择题

1. 销售过程会计核算的主要内容包括（ ）。

A. 确认营业收入 B. 结转营业成本

C. 计算应交税金及附加 D. 支付各项销售费用

2. 下列账户中属于损益类账户的有（ ）。

A. “主营业务收入” B. “营业外收入”

C. “所得税费用” D. “应交税费”

3. 期末转入“本年利润”账户贷方的有（ ）。

A. 主营业务收入 B. 其他业务收入

C. 主营业务成本 D. 销售费用

4. 销售产品取得收入时可能涉及的贷方账户有（ ）。

A. “主营业务收入” B. “其他业务收入”

C. “主营业务成本” D. “应交税费”

5. 利润是指企业在一定会计期间的经营成果，包括（ ）。

A. 营业利润 B. 利润总额

C. 净利润 D. 主营业务利润

6. “本年利润”账户的借方登记（ ）。

A. 各成本费用或支出类账户期末转入数 B. 各收益类账户期末转入数

C. 当年发生的净亏损 D. 当年实现的净利润

7. “利润分配”账户的借方登记（ ）。

A. 可供分配利润 B. 应交所得税

C. 提取的盈余公积 D. 应付利润

8. 所有者权益就其组成内容来看，包括（　　）。

A. 投入资本　　B. 投资收益

C. 资本公积　　D. 盈余公积和未分配利润

9. 下列各项属于企业留存收益的有（　　）。

A. 实收资本　　B. 资本公积

C. 盈余公积　　D. 未分配利润

10. 下列账户期末结转后无余额的有（　　）。

A. “生产成本”　　B. “管理费用”

C. “制造费用”　　D. “所得税费用”

判断题

1. 企业销售产品取得的收入，不应直接增加投入资本。（　）
2. 企业因销售材料而取得的收入应记入“其他业务收入”账户的借方。（　）
3. 企业期末，应将主营业务收入的金额转入“本年利润”的借方。（　）
4. “预收账款”属于资产类账户，用于核算企业按照销货合同规定预收购货单位的款项。（　）
5. 不单独设置“预收账款”的企业，预收的账款也在“应收账款”账户核算。（　）
6. 企业获利时，净资产增加，投资人权益就会增加。（　）
7. 营业外收入是指企业日常活动形成的、应当计入当期损益。（　）
8. 企业各收益类账户期末应转入“本年利润”的借方。（　）
9. 企业向社会福利部门捐款，应冲减盈余公积。（　）
10. 企业按规定计算应交所得税时应借记“利润分配”账户，贷记“应交税费”账户。（　）
11. 企业期末应将有关营业收入账户、投资收益账户和营业外收入账户的余额，转入“本年利润”账户，以便企业计算财务成果。（　）
12. 企业4月末“本年利润”账户有贷方余额60 000元，表示企业本年度从年初开始到4月末累计实现的利润总额。（　）
13. 企业对净利润经过分配仍有余额，属于未分配利润，是企业留存收益的重要内容。（　）
14. 结转全年实现的净利润应计入“本年利润”的贷方。（　）

实训题

实训4－4

【目的】熟悉销售和利润形成交易、事项的会计记录。

【资料】南方公司12月份发生下列产品生产交易、事项：

1. 12月5日，销售给长城公司A产品450件，每件售价260元，计117 000元；B产品

260 件，每件售价 265 元，计 68 900 元。货款总额 185 900 元，增值税税额 24 167 元，款项已收到并存入银行存款账户。

2. 12 月 8 日，以银行存款支付广告费 2 000 元。

3. 12 月 8 日，根据合同规定，预收正大公司购买 B 产品的价款 25 000 元，已存入银行。

4. 12 月 18 日，销售给正大公司 B 产品 400 件，每件售价 265 元，计 106 000 元，增值税额 13 780 元，本月 8 日已预收部分货款，其余货款 18 日收到存入银行。

5. 12 月 19 日，以银行存款支付汇兑手续费 500 元。

6. 12 月 20 日，销售给长城公司 A 产品 100 件，每件售价 260 元，计 26 000 元，增值税 3 380 元，价款尚未收到。

7. 12 月 25 日，收到长城公司所欠货款 30 420 元，存入银行。

8. 12 月 25 日，销售给正大公司 A 材料 3 000 千克，每千克售价 18 元，计 54 000 元，增值税额 7 020 元，款已收到存入银行，并结转材料成本 40 000 元。

9. 12 月 27 日，以银行存款 1 000 元支付产品销售包装费。

10. 12 月 31 日，结转本月已销产品的制造成本。其中，A 产品每件 171. 70 元，B 产品每件 198. 80 元。

11. 12 月 31 日，以银行存款 1 050 元捐赠某社会公益性福利部门。

12. 12 月 31 日，按规定计提应交城市维护建设税 2 309. 79 元，教育费附加 989. 91 元。

13. 12 月 31 日，经批准将确实无法支付某单位的应付货款 5 800 元，转作营业外收入。

14. 12 月 31 日，企业因对外投资收到其他单位分来的股利 28 000 元，存入银行。

15. 12 月 31 日，将本月主营业务收入 317 900 元，其他业务收入 54 000 元，投资收益 28 000 元，营业外收入 5 800 元，结转“本年利润”账户。

16. 12 月 31 日，将本月主营业务成本 225 643 元，税金及附加 3 299. 70 元，销售费用 3 000 元，管理费用 21 070 元，财务费用 4 500 元，其他业务成本 40 000 元，营业外支出 1 050 元，转入“本年利润”账户。

17. 12 月 31 日，计算结转本月应交所得税 26 784. 38 元（税率 25%）。

18. 12 月 31 日，将所得税转入“本年利润”账户。

19. 12 月 31 日，南方公司全年实现净利润 1 000 000 元，按规定 10% 的比例提取盈余公积。

20. 12 月 31 日，向投资者分配股利 200 000 元。

【要求】 根据上述交易、事项编制相关会计分录。

(1)	(2)
(3)	(4)

(5)	(6)
(7)	(8)
(9)	(10)
(11)	(12)
(13)	(14)
(15)	(16)
(17)	(18)
(19)	(20)

单元检测 1

一、单项选择题

1. 企业设立，收到某投资者投入的专利权一项，应贷记的账户是（　　）。

   A. “无形资产”　　B. “投资收益”

   C. “营业外收入”　　D. “实收资本”

2. 企业在进行材料发出会计记录时，可以贷记的账户是（　　）。

A. “原材料”　　B. “生产成本”
C. “制造费用”　　D. “管理费用”

3. 甲企业本期外购原材料一批，购买价格为 10 000 元，增值税为 1 600 元，入库前发生的挑选整理费用为 300 元。该批原材料的入账价值为（　　）元。

A. 10 000　　B. 11 600
C. 10 300　　D. 11 900

4. 计提本月生产车间固定资产折旧费用应记入（　　）。

A. “管理费用”账户　　B. “制造费用”账户
C. “财务费用”账户　　D. “销售费用”账户

5. 企业购入货物而支付的增值税额应记入“应交税费——应交增值税”下的（　　）专栏。

A. “已交税金”　　B. “进项税额”
C. “销项税额”　　D. “进项税额转出”

6. “预付账款”账户属于（　　）。

A. 资产类账户　　B. 负债类账户
C. 成本类账户　　D. 所有者权益类账户

7. “生产成本”账户的期末借方余额表示（　　）。

A. 企业库存商品的成本　　B. 期末在产品的成本
C. 本期产品的成本　　D. 期末完工产品的成本

8. 结转已售产品的成本时，“库存商品”的对应账户应为（　　）。

A. “生产成本”　　B. “应收账款”
C. “主营业务成本”　　D. “主营业务收入”

9. 盈余公积是按（　　）的一定比例提取的。

A. 主营业务利润　　B. 营业利润
C. 净利润　　D. 利润总额

10. 下列不影响本期营业利润计算的项目是（　　）。

A. 主营业务收入　　B. 主营业务成本
C. 管理费用　　D. 所得税费用

二、多项选择题

1. 工业企业的主要经济业务包括（　　）。

A. 筹集资金　　B. 材料采购
C. 产品生产　　D. 销售和利润形成

2. 企业接受投资的形式可以是（　　）。

A. 现金　　B. 固定资产
C. 原材料　　D. 无形资产

3. “应付职工薪酬”账户包括（　　）等项目的核算。

A. 工资、奖金　　B. 社会保险费
C. 工会经费　　D. 职工福利

4. 企业对固定资产计提折旧时，可能借记的账户有（ ）。

A. “主营业务成本” B. “管理费用”

C. “制造费用” D. “财务费用”

5. 下列各项，通过“制造费用”科目核算的有（ ）。

A. 基本生产车间生产工人工资 B. 基本生产车间管理人员工资

C. 生产产品发生的直接材料成本 D. 应由基本生产车间负担的照明电费

6. 下列各项中，构成产品成本的有（ ）。

A. 直接材料 B. 直接人工

C. 制造费用 D. 期间费用

7. 企业收入按经营活动的主次可以分为（ ）。

A. 主营业务收入 B. 其他业务收入

C. 营业外收入 D. 营业收入

8. 下列各项，属于“营业外支出”账户核算内容的有（ ）。

A. 公益性捐赠支出 B. 非常损失

C. 处置固定资产净损失 D. 罚款支出

9. 下列项目中，属于利润分配的内容有（ ）。

A. 提取法定盈余公积 B. 弥补以前年度亏损

C. 提取任意盈余公积 D. 向投资者分配利润

10. 净利润由（ ）相减得出。

A. 营业利润 B. 所得税

C. 利润总额 D. 未分配利润

三、判断题

1. 企业的投资人既可以是国家，也可以是法人、自然人。（ ）

2. “固定资产”账户用来核算企业固定资产的净值。（ ）

3. 期间费用，是指企业在生产经营过程中发生的销售费用、管理费用和财务费用。（ ）

4. 管理费用是指企业为管理和组织企业生产经营活动而发生的各项费用。（ ）。

5. 生产过程核算的两项主要内容，一是生产费用的归集和分配，二是产品成本的计算和结转。（ ）

6. “应收票据”账户用来核算企业因销售产品等而收到的银行汇票。（ ）

7. 不单独设置“预收账款”账户的企业，预收的货款可以在“预付账款”账户中核算。（ ）

8. “预收账款”与“应收账款”账户性质相同、结构相同。（ ）

四、实训题

实训一

【目的】熟悉筹集资金和材料采购交易、事项的会计记录。

【**资料**】利达公司12月份发生下列交易、事项：

1. 收到光明企业投资200 000元，其中100 000元银行存款，另收到1台设备，协议作价100 000元。

2. 经批准，以资本公积转增注册资本50 000元。

3. 从银行借入期限为6个月的借款200 000元，款项存入银行。

4. 从科达公司购入甲材料一批，增值税专用发票注明：数量2 000千克，单价10元，计20 000元，增值税2 600元。对方代垫运杂费800元。企业开出一张期限为5个月的商业汇票，材料尚未到达。

5. 从泰利公司购进乙材料一批，取得的增值税专用发票上记载的货款为30 000元，增值税3 900元，全部款项已用银行存款支付，材料尚未运达企业。

6. 从泰利公司购进的乙材料运到企业，并办理验收入库手续。

7. 按合同约定，为购买丙材料以银行存款50 000元预付丰和公司货款。

8. 预付丰和公司货款购买的丙材料已运到，增值税专用发票上记载的货款为50 000元，增值税6 500元，供货方代垫运杂费500元。

9. 以银行存款补付丰和公司的货款9 000元。

【**要求**】根据上述交易、事项编制相关会计分录。

(1)	(2)
(3)	(4)
(5)	(6)
(7)	(8)
(9)	

实训二

【目的】熟悉产品生产交易、事项的会计记录。

【资料】利达公司 12 月份发生下列产品生产交易、事项：

1. 生产产品领用甲材料 10 000 元、乙材料 8 000 元，车间一般消耗领用丙材料 5 000 元，行政管理部门领用乙材料 1 000 元。

2. 公司行政管理部门购买办公用品 500 元，用银行存款支付。

3. 以银行存款支付生产车间水电费 3 000 元。

4. 厂长王明出差回厂报销差旅费 1 200 元，交回现金 300 元。

5. 计提本月短期借款利息 200 元。

6. 月末分配工资 31 000 元，其中生产工人工资 27 000 元，车间管理人员工资 1 500 元，企业管理人员工资 2 500 元。

7. 结转本月制造费用 9 500 元。

【要求】根据上述交易、事项编制相关会计分录。

(1)	(2)
(3)	(4)
(5)	(6)
(7)	

实训三

【目的】熟悉产品销售和利润形成交易、事项的会计记录。

【资料】利达公司 12 月份发生下列产品生产交易、事项：

1. 销售给光华公司产品 300 件，单价 500 元，计 150 000 元，增值税 19 500 元。收到该公司交来面值 174 000 元、期限 3 个月的商业汇票一张。

2. 预收远大公司购买产品的价款 50 000 元，已存入银行。

3. 向远大公司发出产品，增值税专用发票上注明货款 40 000 元，增值税 5 200 元。

4. 以银行存款支付产品广告费 10 000 元。
5. 结转本月已销产品成本 80 000 元。
6. 计提税金及附加 5 000 元，其中城建税 3 500 元，教育费附加 1 500 元。
7. 收到交来的罚款现金收入 850 元。
8. 将收入类账户结转到“本年利润”账户。
9. 将费用支出类账户转到“本年利润”账户。

【要求】根据上述交易、事项编制相关会计分录。

(1)	(2)
(3)	(4)
(5)	(6)
(7)	(8)
(9)	

单元检测 2

一、单项选择题

1. 企业从银行借入 6 个月期限的银行借款，应贷记的账户是（　　）。
   A. “应付利息”　　B. “银行存款”
   C. “短期借款”　　D. “长期借款”
2. “固定资产”账户反映企业固定资产的（　　）。
   A. 原始价值　　B. 净残值

C. 净值　　D. 累计折旧

3. 某企业“原材料”账户月初余额为380 000元，本月验收入库的原材料共计240 000元，发出材料共计320 000元。则该企业“原材料”账户月末余额为（　　）。

A. 余额在借方，金额为460 000元　　B. 余额在贷方，金额为460 000元

C. 余额在借方，金额为300 000元　　D. 余额在贷方，金额为300 000元

4. 下列账户的结构与“生产成本”账户的结构相同的是（　　）。

A. “无形资产”　　B. “长期借款”

C. “主营业务收入”　　D. “实收资本”

5. 企业按合同规定预付给供货单位的款项，应通过（　　）科目核算。

A. “预收账款”　　B. “预付账款”

C. “应收账款”　　D. “应付账款”

6. 企业支付的产品广告费，应通过（　　）科目核算。

A. “制造费用”　　B. “销售费用”

C. “管理费用”　　D. “财务费用”

7. 主营业务成本是指（　　）。

A. 为销售产品支付的广告费　　B. 已售产品的成本

C. 销售商品过程中支付的运费　　D. 企业在产品的成本

8. 已经完成全部生产过程并已验收入库，可供对外销售的产品是（　　）。

A. 生产成本　　B. 主营业务成本

C. 库存商品　　D. 原材料

9. 企业按10%计提法定盈余公积，其借方账户为（　　）。

A. “利润分配——未分配利润”　　B. “利润分配——提取法定盈余公积”

C. “利润分配——应付利润”　　D. “盈余公积”

10. 下列不属于“营业外收入”账户核算范围的是（　　）。

A. 处置无形资产净收益　　B. 罚款净收益

C. 销售商品收入　　D. 捐赠利得

二、多项选择题

1. 企业筹集资金的主要渠道有（　　　）。

A. 向投资人筹集　　B. 接受捐赠

C. 向债权人借入　　D. 财政补贴

2. 企业完工产品验收入库，涉及的会计科目有（　　　）。

A. “库存商品”　　B. “制造费用”

C. “生产成本”　　D. “主营业务成本”

3. 下列项目中，应计入产品成本的有（　　　）。

A. 产品广告费　　B. 基本生产车间生产工人工资

C. 行政管理人员工资　　D. 基本生产车间固定资产的折旧费

4. 企业确认销售商品收入时，“主营业务收入”对应的账户可能有（　　　）。

A. “银行存款”　　B. “应收账款”

C. “预付账款” D. “应收票据”

5. 下列账户中，期末一般无余额的是（ ）。

A. “盈余公积” B. “营业外收入”

C. “财务费用” D. “投资收益”

6. 下列属于“税金及附加”核算内容的是（ ）。

A. 消费税 B. 教育费附加

C. 增值税 D. 城市维护建设税

7. 下列属于所有者权益的有（ ）。

A. 实收资本 B. 盈余公积

C. 应付股利 D. 未分配利润

8. 对“利润分配”账户，下列表述中正确的有（ ）。

A. 借方登记实际分配的利润数额

B. 年末结转后，本账户应无余额

C. 年末结转后，借方余额表示未弥补亏损

D. 年末结转后，贷方余额表示未分配利润

9. 下列账户中，与“主营业务收入”存在账户对应关系的有（ ）。

A. “应收账款” B. “应收票据”

C. “利润分配” D. “本年利润”

10. 利润是指企业在一定会计期间的经营成果，包括（ ）。

A. 营业利润 B. 利润总额

C. 净利润 D. 未分配利润

三、判断题

1. “短期借款”账户用来核算企业向银行或其他金融机构等借入的期限在 1 年以下（不含 1 年）的各种借款。（ ）

2. 销售费用是指企业在销售商品过程中发生的各项费用以及专设销售机构的各项经费。（ ）

3. 生产车间管理人员的工资，应记入“管理费用”账户的借方。（ ）

4. 企业的期间费用包括制造费用、销售费用、管理费用和财务费用。（ ）

5. “应收账款”账户的月末借方余额表示应收但尚未收回的款项。（ ）

6. “预收账款”账户属于资产类账户，该账户的余额表示预收购货单位的款项。（ ）

7. 企业的材料销售收入应属于企业的主营业务收入。（ ）

8. 净利润为企业实现的营业利润减去所得税后的余额，它是企业的净收益。（ ）

四、实训题

实训一

【目的】熟悉筹集资金和材料采购交易、事项的会计记录。

【**资料**】远程公司12月份发生下列交易、事项：

1. 收到正大公司投入银行存款300 000元，专利权一项价值200 000元。双方协商占远程公司注册资本400 000元。

2. 以银行存款购入一台不需安装的设备，价款合计250 000万元，增值税款32 500元。

3. 从银行借入期限为2年的借款400 000元，并存入银行。

4. 以银行存款偿还短期借款20 000元。

5. 从广发公司购进甲材料一批，取得的增值税专用发票上记载的货款为10 000元，增值税1 300元，另付运杂费200元，全部款项已用银行存款支付，材料运到并验收入库。

6. 从兴旺公司购进乙材料一批，取得的增值税专用发票上记载的货款为20 000元，增值税2 600元，款项未支付，材料运到并验收入库。

7. 以银行存款偿还前欠兴旺公司货款22 600元。

【**要求**】根据上述交易、事项编制相关会计分录。

(1)	(2)
(3)	(4)
(5)	(6)
(7)	

实训二

【**目的**】熟悉产品生产交易、事项的会计记录。

【**资料**】远程公司12月份发生下列产品生产交易、事项：

1. 本月，生产A产品领用甲材料30 000元，领用乙材料70 000元；生产B产品领用甲材料10 000元，领用乙材料20 000元；车间一般耗用领用甲材料5 000元；行政管理部门领用乙材料1 000元。

2. 公司生产车间购买办公用品200元，用现金支付。

3. 用银行存款支付行政管理部门使用房屋租金3 000元。

4. 从泰利公司租入包装物一批，以现金支付押金800元。

5. 以银行存款支付银行结算手续费 600 元。

6. 按规定计提固定资产折旧 4 000 元，其中车间固定资产计提 2 500 元，行政管理部门固定资产计提 1 500 元。

7. 结转本月完工入库 A、B 产品制造成本。A 产品完工产品总成本为 89 000 元；B 产品完工产品总成本为 26 000 元。

【要求】根据上述交易、事项编制相关会计分录。

(1)	(2)
(3)	(4)
(5)	(6)
(7)	

实训三

【目的】熟悉产品销售和利润形成交易、事项的会计记录。

【资料】远程公司 12 月份发生下列产品生产交易、事项：

1. 销售一批产品，增值税专用发票上注明 A 产品销售价款 30 000 元，B 产品销售价款 20 000 元，增值税 6 500 元，款项未收到。

2. 销售给永方公司产品一批，增值税专用发票上注明销售 A 产品价款 10 000 元，销售 B 产品价款 30 000 元，增值税 5 200 元，款项已收存银行。

3. 销售甲材料一批，增值税专用发票上注明价款 5 000 元，增值税 650 元，货款未收到。

4. 收到销售材料款 5 800 元存入银行。

5. 结转本月已销 A 产品成本 20 000 元，B 产品成本 24 000 元。

6. 结转本月销售甲材料的成本 2 500 元。

7. 企业用银行存款给某希望小学捐款 10 000 元。

8. 以银行存款缴纳上月所得税 24 600 元。

9. 将收入类账户结转到“本年利润”账户。

10. 将费用支出类账户转到“本年利润”账户。

【要求】 根据上述交易、事项编制相关会计分录。

(1)	(2)
(3)	(4)
(5)	(6)
(7)	(8)
(9)	(10)

第五单元 *Chapter 5*

成 本 计 算

第一节　成本计算的含义和程序

单项选择题

1. 区别各种成本计算基本方法的标志是（　　）。
   A. 成本管理要求　　B. 成本计算期间
   C. 成本计算对象　　D. 间接费用的分配方法
2. 制造业企业的材料采购成本应以（　　）作为成本计算对象。
   A. 材料的品种　　B. 材料的数量
   C. 材料采购的批次　　D. 材料采购数量
3. 成本计算的过程就是费用按一定（　　）进行归集和分配的过程。
   A. 成本项目　　B. 成本对象
   C. 成本计算期　　D. 产品品种
4. 成本项目是对各种费用按其（　　）所作的分类。
   A. 经济用途　　B. 经济内容
   C. 成本对象　　D. 经济性质

多项选择题

1. 成本计算程序包括（　　　　）。
   A. 确定成本计算对象、计算期及成本项目
   B. 正确归集和分配各种费用
   C. 按成本计算对象开设并登记费用明细账
   D. 编制成本计算单
2. 材料成本项目一般分为（　　　　）。
   A. 材料买价　　B. 采购费用
   C. 直接费用　　D. 间接费用
3. 产品制造成本项目一般分为（　　　　）。

A. 直接费用　　B. 直接材料

C. 直接人工　　D. 制造费用

4. 产品制造成本应以（　　　）为成本计算对象。

A. 产品品种　　B. 产品批别

C. 产品加工步骤　　D. 产品项目

判断题

1. 费用的发生会引起资产的减少或负债的增加。（　）

2. 成本是对象化的费用，它与一定种类和数量的产品相联系。（　）

3. 成本计算是会计核算的一种专门方法。（　）

4. 成本计算就是将生产经营活动过程中所发生的各种费用，按不同的产品进归集和分配，计算出各个对象的总成本和单位成本。（　）

5. 成本计算期必须与产品的生产周期相一致。（　）

第二节　成本的构成和计算

单项选择题

1. 凡是能分清属于哪种产品负担的费用，即为（　）。

A. 直接费用　　B. 间接费用

C. 期间费用　　D. 制造费用

2. 费用的发生同几个成本对象有关的是（　）。

A. 直接费用　　B. 间接费用

C. 期间费用　　D. 成本费用

3. 在产品生产过程中发生的费用，其中直接与各该成本对象有关的是（　）。

A. 成本费用　　B. 间接费用

C. 期间费用　　D. 直接费用

4. 某企业本期生产 A、B 两种产品，共发生制造费用 37 000 元，现以生产工人工资为分配标准（A 产品工人工资 28 000 元，B 产品工人工资 12 000 元），则 B 产品应分摊的制造费用为（　）元。

A. 18 500　　B. 11 100

C. 12 000　　D. 25 900

5. 产品的销售成本由已售产品的（　）构成。

A. 直接材料　　B. 直接人工

C. 制造费用　　D. 制造成本

多项选择题

1. 以下费用中，能够构成产品制造成本的有（　　　　）。
   A. 直接材料费　　B. 直接人工费
   C. 销售广告费　　D. 生产用固定资产折旧费
2. 某企业购入材料一批，在发生的下列费用中，应计入材料采购成本的有（　　　　）。
   A. 外地运杂费　　B. 采购人员的差旅费
   C. 运输途中的合理损耗　　D. 入库前的挑选整理费用
3. 企业可以选择按（　　　　）比例作为制造费用的分配标准。
   A. 生产工人工资　　B. 生产工人工时
   C. 原材料成本　　D. 产成品成本
4. 材料的采购费用包括（　　　　）。
   A. 运杂费　　B. 运输途中合理损耗
   C. 入库前挑选整理费用　　D. 购入材料负担的税金和其他费用
5. 间接费用的分配标准一般有（　　　　）。
   A. 生产工人工资　　B. 生产工人工时
   C. 机器工时　　D. 直接材料成本

判断题

1. 产品销售成本是指已销产品的制造成本与发生的各种销售费用之和。（　　）
2. 企业在产品生产过程中，发生的各项费用都可以直接计入产品的制造成本。（　　）
3. 产品成本也就是产品的制造费用。（　　）
4. 企业将制造费用项目计入管理费用，将会影响本期产品成本计算的准确性。（　　）
5. 在材料采购业务中，发生运输途中的合理损耗，不需要进行专门的账务处理。（　　）
6. 为直接进行产品生产的生产工人工资，直接计入“生产成本”账户，属于直接费用。（　　）
7. 产品成本是指企业在一定时期发生的，用货币表现的生产耗费。（　　）

实训题

实训 5－1

【目的】 练习材料采购业务的核算以及材料采购成本表的编制。

【资料】 连发公司 10 月份发生下列材料购入业务：

1. 5 日，从 A 公司购入甲材料 6 000 千克，单价 15 元，货款 90 000 元，增值税 11 700 元，供方垫付运杂费 1 300 元，当即以银行存款支付 60 000 元，其余款项尚未支付。

2. 7日，从A公司购入的甲材料运抵企业，验收入库，按实际采购成本入账。

3. 15日，以银行存款清偿前欠A公司款项46 600元。

4. 18日，从B公司购入甲材料8 000千克，单价15元，乙材料4 000千克，单价10元，货款160 000元，增值税20 800元，供方垫付运杂费1 800元，开出一张为期3个月的不带息商业承兑汇票交B公司（假设运杂费按材料重量分配）。

5. 23日，从B公司购入的甲、乙两种材料运抵企业，经验收无误入库，按实际采购成本入账。

【要求】

1. 根据以上采购业务编制相关会计分录。

(1)	(2)
(3)	(4)
(5)	

2. 根据上述资料编制甲、乙材料采购成本计算单（表5－1）。

表5－1　　材料采购成本计算单

编制单位：　　　　年　月　　　　单位：元

成本项目	甲材料		乙材料	
	总成本	单位成本	总成本	单位成本

3. 按材料的品名，设“在途物资”明细账并根据有关会计分录，按采购业务发生的顺序，登记“在途物资”明细账（表5－2、表5－3）。

表 5-2　　　　　　　　　　“在途物资”明细分类账

材料名称或类别：甲材料　　　　　　　　　　　　　　　　　　　　　　　　　单位：元

年		凭证号码	摘要	借方			贷方	余额
月	日			买价	运杂费	合计		

表 5-3　　　　　　　　　　“在途物资”明细分类账

材料名称或类别：乙材料　　　　　　　　　　　　　　　　　　　　　　　　　单位：元

年		凭证号码	摘要	借方			贷方	余额
月	日			买价	运杂费	合计		

实训 5-2

【目的】练习制造费用的分配以及产品成本的计算。

【资料】京连公司生产甲、乙两种产品，甲产品期初在产品成本为 72 550 元，本月发生材料费 146 000 元，生产工人工资 67 500 元，月末在产品成本 25 000 元，完工产品数量 200 件；乙产品没有期初在产品，本月发生的材料费 84 528 元，生产工人工资 44 800 元，月末没有在产品，完工产品数量 500 件，本月共发生制造费用 336 900 元（制造费用按生产工人工资比例分配）。

【要求】计算甲、乙完工产品总成本和单位成本，并编制结转完工产品生产成本的会计分录。

制造费用分配率 =

甲产品应分配的制造费用 =

乙产品应分配的制造费用 =

甲产品完工产品总成本 =

甲产品完工产品单位成本 =

乙产品完工产品总成本 =

乙产品完工产品单位成本 =

会计分录：

实训 5 －3

【目的】 练习生产成本的计算。

【资料】 南洋公司 12 月份发生下列交易或事项：

1. 本月份生产产品领用甲材料 80 000 元、乙材料 23 200 元，其中：生产 A 产品领用 60 000 元，生产 B 产品领用 40 000 元，基本生产车间耗用 3 200 元。

2. 本月份发生水电费 9 800 元，其中：生产 A 产品耗用 5 000 元，生产 B 产品耗用 4 000 元，基本生产车间照明耗用 800 元，款项已用银行存款支付。

3. 结转本月份职工薪酬 32 000 元，其中：制造 A、B 产品的生产工人薪酬分别为 16 000 元和 12 000 元，基本生产车间管理人员薪酬 4 000 元。

4. 计提本月份基本生产车间用固定资产折旧 10 000 元。

5. 以银行存款支付基本生产车间的财产保险费 2 200 元。

6. 以银行存款支付基本生产车间固定资产的修理费 5 000 元。

7. 以银行存款支付基本生产车间办公用品费 800 元。

8. 根据 A、B 产品的生产工时分配制造费用，A 产品本月份生产工时为 7 500 工时，B 产品生产工时为 5 500 工时。

9. 本月份 A 产品已全部完工，验收入库，产量为 1 000 件，计算其总成本和单位成本。B 产品尚未完工。

【要求】

1. 根据以上交易或事项编制有关会计分录。

(1)	(2)
(3)	(4)
(5)	(6)
(7)	(8)
(9)	

2. 设置、登记A产品、B产品生产成本明细账（A产品期初余额为45 000元，其中：直接材料34 000元，直接人工6 000元，制造费用5 000元，B产品无期初余额），见表5－4、表5－5。

表5－4 **生产成本明细账**

产品品种或类别：A产品 单位：元

年		凭证号数	摘要	直接材料	直接人工	制造费用	合计
月	日						

注：□表示红字。

表 5 - 5 生产成本明细账

产品品种或类别：B 产品 单位：元

年		凭证号数	摘要	直接材料	直接人工	制造费用	合计
月	日						

3. 根据有关生产成本明细账，计算本期完工产品的总成本和单位成本（表 5 - 6）。

表 5 - 6 产品生产成本计算表

年 月 单位：元

成本项目	A 产品（1 000 件）	
	总成本	单位成本
合计		

单元检测 1

一、单项选择题

1. 成本计算是（ ）的一种专门方法。
   A. 会计检查 B. 会计分析
   C. 会计核算 D. 会计监督
2. （ ）应该以销售的各种产品作为成本计算对象。
   A. 产品生产成本 B. 产品销售成本
   C. 材料采购成本 D. 材料销售成本

3. 在产品生产过程中发生的费用，不能直接计入各成本对象的是（　　）。

A. 成本费用　　B. 间接费用

C. 期间费用　　D. 直接费用

4. 在产品生产过程中发生的费用，其中直接与各该成本对象有关的是（　　）。

A. 成本费用　　B. 间接费用

C. 期间费用　　D. 直接费用

5. 材料采购成本由购入材料所支付的买价和（　　）构成。

A. 直接材料　　B. 直接人工

C. 制造费用　　D. 采购费用

6. 产品的销售成本由已售产品的（　　）构成。

A. 直接材料　　B. 直接人工

C. 制造费用　　D. 制造成本

7. 某工业企业为增值税一般纳税人，购入一批原材料，价款 400 000 元，进项税额 64 000 元。为采购该批材料发生运杂费 2 000 元及包装物押金 1 000 元，材料已验收入库。该批材料的入库价值为（　　）元。

A. 403 000　　B. 401 860

C. 402 000　　D. 464 000

8. 成本是企业为生产产品、提供劳务而发生的各种耗费，是（　　）的费用。

A. 加总计算　　B. 计算分析

C. 对象化　　D. 日常核算

9. 某生产车间生产 A 和 B 两种产品，该车间共发生制造费用 60 000 元，生产 A 产品生产工人工时为 3 000 小时，生产 B 产品生产工人工时为 2 000 小时。若按生产工人工时比例分配制造费用，A 和 B 两种产品应负担的制造费用分别为（　　）元。

A. 36 000 和 24 000　　B. 24 000 和 36 000

C. 30 000 和 30 000　　D. 40 000 和 20 000

10. 某企业加工甲产品 1 000 件，每件甲产品耗用原材料 10 千克，原材料的单价为 50 元，加工中发生的直接人工 12 万元，分配的制造费用 10.2 万元。当月甲产品全部完工入库。该批甲产品完工的成本为（　　）万元。

A. 60.2　　B. 72.2

C. 70.2　　D. 62

11. 某公司同时购进 A、B 两种材料。A 材料 3 000 千克，单价 25 元，计价款 75 000 元，增值税为 9 750 元；B 材料 2 000 千克，单价 40 元，计价款 80 000 元，增值税 10 400 元。发生运杂费 1 500 元，所有款项均以银行存款支付。运杂费按材料的重量比例进行分配（不考虑运费的增值税扣除问题）。则其中 A 材料的采购成本为（　　）元。

A. 75 900　　B. 87 900

C. 80 600　　D. 87 000

二、多项选择题

1. 以下费用中，能够构成产品制造成本的有（　　）。

A. 直接材料费　　B. 直接人工费

C. 销售广告费　　D. 生产用固定资产折旧费

2. 材料成本项目一般分为（　　　）。

A. 材料买价　　B. 采购费用

C. 直接费用　　D. 间接费用

3. 产品制造成本应以（　　　）为成本计算对象。

A. 产品品种　　B. 产品批别

C. 产品加工步骤　　D. 产品项目

4. 企业可以选择按（　　　）比例作为制造费用的分配标准。

A. 生产工人工资　　B. 生产工人工时

C. 原材料成本　　D. 产成品成本

5. 间接费用的分配标准一般有（　　　）。

A. 生产工人工资　　B. 生产工人工时

C. 机器工时　　D. 直接材料成本

6. 下列应计入材料采购费用的有（　　　）。

A. 运杂费　　B. 购入材料支付的买价

C. 运输途中的合理损耗　　D. 入库前的挑选整理费

7. 某公司本月生产完工 A 产品 1 000 件，B 产品 500 件，生产成本——A 产品期初余额为 5 000 元，本月用于生产 A 产品的直接材料和直接人工为 30 000 元，用于 B 产品的直接材料和直接人工为 60 000 元，制造费用总额 12 000 元，按完工产品数量分配制造费用，生产成本——B 产品期末余额为 15 000 元，下列说法正确的有（　　　）。

A. A 产品负担的制造费用为 8 000 元，B 产品负担的制造费用为 4 000 元

B. 完工 A 产品成本为 43 000 元，完工 B 产品成本为 49 000 元

C. 完工 A 产品单位成本为 43 元/件，完工 B 产品单位成本为 98 元/件

D. 因为 B 产品期末尚未完全完工，所以期末时不应结转 B 产品成本

8. 某生产车间生产 A 和 B 两种产品，该车间共发生制造费用 40 万元，生产 A 产品生产工人工时为 4 000 小时，生产 B 产品生产工人工时为 6 000 小时。若按生产工人工时比例分配制造费用，下列说法正确的有（　　　）。

A. A 产品应负担的制造费用为 16 万元

B. A 产品应负担的制造费用为 24 万元

C. B 产品应负担的制造费用为 16 万元

D. B 产品应负担的制造费用为 24 万元

三、判断题

1. 费用的发生会引起资产的减少或负债的增加。（　　）

2. 企业在产品生产过程中，发生的各项费用都可以直接计入产品的制造成本。（　　）

3. 成本计算是会计核算的一种专门方法。（　　）

4. 企业将制造费用项目计入管理费用，将会影响本期产品成本计算的准确性。（　　）

5. 成本计算期必须与产品的生产周期相一致。（　　）

6. 直接进行产品生产的生产工人工资，直接计入“生产成本”账户，属于直接费用。（　　）

7. 会计人员将应记入制造费用的项目误记为管理费用项目，会影响本期完工产品成本计算的正确性。（　　）

8. 如果某产品月初月末均无在产品，则本月为生产该产品发生的全部生产费用就是该产品本月完工产品成本。（　　）

四、实训题

1. 某工业企业（一般纳税人）从外地购入材料一批 5 000 千克，每千克单价 2 元，增值税率13%，另支付运输费500 元，装卸费200 元，采购人员差旅费300 元，款项已用银行存款支付。材料验收入库短缺100 千克，经确认是属于定额内损耗。

要求：

（1）根据上述资料计算该批材料采购的总成本和单位成本。

材料采购总成本 =

材料采购单位成本 =

（2）编制相关会计分录。

2. 某企业一车间本月制造费用总额为64 800 元，该车间生产 A、B 两种产品 A 产品耗用生产工人工时为52 650 小时，B 产品耗用28 350 小时。

要求：

（1）按生产工时比例法分配制造费用。

（2）编制结转制造费用的会计分录。

单元检测 2

一、单项选择题

1. 费用的发生同几个成本对象有关的是（　　）。

A. 直接费用　　B. 间接费用
C. 期间费用　　D. 成本费用

2. 制造业企业的材料采购成本应以（　　）作为成本计算对象。

A. 材料的品种　　B. 材料的数量
C. 材料采购的批次　　D. 材料采购数量

3. 成本项目是对各种费用按其（　　）所作的分类。

A. 经济用途　　B. 经济内容
D. 经济性质　　C. 成本对象

4. 某企业本期生产 A、B 两种产品，共发生制造费用 37 000 元，现以生产工人工资为分配标准（A 产品工人工资 28 000 元，B 产品工人工资 12 000 元），那么 B 产品应分摊的制造费用为（　　）元。

A. 18 500　　B. 11 100
C. 12 000　　D. 25 900

5. 产品的销售成本由已售产品的（　　）构成。

A. 直接材料　　B. 直接人工
C. 制造费用　　D. 制造成本

6. 下列各项，应当计入工业企业产品成本的是（　　）。

A. 制造费用　　B. 管理费用
C. 财务费用　　D. 销售费用

7. 应计入产品成本，但不能分清应由何种产品负担的费用，应（　　）。

A. 直接计入当期损益
B. 作为管理费用处理
C. 作为制造费用处理，期末再通过分配计入产品成本
D. 直接计入生产成本账户

8. 某企业本月生产 A 产品耗用机器工时 120 小时，生产 B 产品耗用机器工时 180 小时。本月发生车间管理人员工资 3 万元，产品生产人员工资 30 万元。该企业按机器工时比例分配制造费用。假设不考虑其他因素，本月 B 产品应分配的制造费用为（　　）万元。

A. 1.2　　B. 1.32
C. 1.8　　D. 1.98

9. 某企业“生产成本”账户期初余额为 20 万元，本期为生产产品发生直接材料费用 60 万元，直接人工费用 10 万元，制造费用 15 万元，企业行政管理费用 10 万元，本期结转完工产品成本为 80 万元。假定该企业只生产一种产品，期末“生产成本”账户的余额为

(　　) 万元。

A. 15　　B. 35

C. 5　　D. 25

10. 某生产车间生产 A 和 B 两种产品，该车间共发生制造费用 40 万元，生产 A 产品生产工人工时为 4 000 小时，生产 B 产品生产工人工时为 6 000 小时。若按生产工人工时比例分配制造费用，B 产品应负担的制造费用为（　　）万元。

A. 16　　B. 24

C. 40　　D. 20

二、多项选择题

1. 成本计算程序包括（　　）。

A. 确定成本计算对象、计算期及成本项目

B. 正确归集和分配各种费用

C. 按成本计算对象开设并登记费用明细账

D. 编制成本计算单

2. 某企业购入材料一批，在发生的下列费用中，应计入材料采购成本的有（　　）。

A. 外地运杂费　　B. 采购人员的差旅费

C. 运输途中的合理损耗　　D. 入库前的挑选整理费用

3. 产品制造成本项目一般分为（　　）。

A. 直接费用　　B. 直接材料

C. 直接人工　　D. 制造费用

4. 材料的采购费用包括（　　）。

A. 运杂费　　B. 运输途中合理损耗

C. 入库前挑选整理费用　　D. 购入材料负担的税金和其他费用

5. 下列项目中，构成企业一定会计期间生产成本的有（　　）。

A. 直接材料费用　　B. 销售费用

C. 直接人工费用　　D. 制造费用

6. 下列各方法中，可以用于分配制造费用的方法有（　　）。

A. 生产工人工时比例法　　B. 生产工人工资比例法

C. 机器工时比例法　　D. 直接材料成本

7. 某公司本月生产完工 A 产品 2 000 件，B 产品 1 000 件，生产成本——A 产品期初余额为 5 000 元，本月用于生产 A 产品的直接材料和直接人工为 30 000 元，用于 B 产品的直接材料和直接人工为 60 000 元，制造费用总额 24 000 元，按完工产品数量分配制造费用，生产成本——B 产品期末余额为 15 000 元，下列说法正确的有（　　）。

A. A 产品负担的制造费用为 16 000 元，B 产品负担的制造费用为 8 000 元

B. 完工 A 产品成本为 51 000 元，完工 B 产品成本为 53 000 元

C. 完工 A 产品单位成本为 25.5 元/件，完工 B 产品单位成本为 53 元/件

D. 因为 B 产品期末尚未完全完工，所以期末时不应结转 B 产品成本

8. 某公司同时购进 A、B 两种材料。A 材料 3 000 千克，单价 25 元，计价款 75 000 元，

增值税为9 750元；B材料2 000千克，单价40元，计价款80 000元，增值税10 400元。发生运杂费1 500元，所有款项均以银行存款支付。运杂费按材料的重量比例进行分配（不考虑运费的增值税扣除问题）。下列说法正确的有（　　）。

A. A材料应负担的运杂费为900元　　B. B材料应负担的运杂费为600元

C. A材料的采购成本为75 900元　　D. B材料的采购成本为80 600元

三、判断题

1. 产品销售成本是指已销产品的制造成本与发生的各种销售费用之和。（　　）
2. 成本是对象化的费用，它与一定种类和数量的产品相联系。（　　）
3. 产品成本也就是产品的制造费用。（　　）
4. 成本计算就是将生产经营活动过程中所发生的各种费用，按不同的产品进归集和分配，计算出各个对象的总成本和单位成本。（　　）
5. 在材料采购业务中发生的运输途中的合理损耗，不需要进行专门的账务处理。（　　）
6. 成本是指生产某种产品、完成某个项目或者做成某件事情的代价，也即发生的耗费总和，是对象化的费用。（　　）
7. 产品成本是指企业在一定时期发生的，用货币表现的生产耗费。（　　）
8. 直接生产费用既可能是直接计入费用，也可能是间接计入费用。（　　）
9. 产品成本项目就是计入产品成本的费用按经济内容分类核算的项目。（　　）

四、实训题

根据下列交易或事项编制会计分录（需要计算的请列出计算过程）：

1. 企业购入甲材料6 000千克，单价5元，丙材料4 000千克，单价3元，增值税5 460元，对方代垫运费3 000元（不考虑运费的增值税扣除问题），材料未验收入库，款项已用银行存款支付（运费按材料重量比例分配）。

2. 企业生产A产品领用甲材料1 000千克，单价5. 3元，生产B产品领用丙材料500千克，单价3. 3元，车间一般耗用甲材料100千克，单价5. 3元，厂部一般耗用丙材料50千克，单价3. 3元。

3. 企业出售A产品2 000件，每件售价200元，B产品1 000件，每件售价150元，增值税款71 500元，款项已收存银行。

4. 结转本月职工工资10 000元，其中，A产品生产工人工资4 000元，B产品生产工人工次3 000元，车间管理人员工资1 000元，厂部行政管理人员工资2 000元。

5. 预提本月应负担的银行借款利息600元。

6. 用银行存款支付由本月份负担的车间固定资产修理费2 000元。

7. 本月基本生产车间固定资产应提折旧2 000元，行政管理部门固定资产应提折旧1 000元。

8. 将本月份发生的制造费用按A、B产品的生产工时分配，其中，A产品生产工时为600工时，B产品生产工时为400工时。

9. 本月A产品已全部完工，结转其完工成本。

10. 结转本月份已销产品成本，其中，A 产品单位成本 120. 62 元，B 产品单位成本 98. 38 元。

(1)	(2)
(3)	(4)
(5)	(6)
(7)	(8)
(9)	(10)

第六单元 *Chapter 6*

填制会计凭证

第一节　会计凭证的含义及分类

单项选择题

1. 每项经济业务发生或完成时取得或填制的凭证是（　　）。
   A. 原始凭证　　B. 记账凭证
   C. 收款凭证　　D. 付款凭证
2. 下列可以作为登记账簿直接依据的是（　　）。
   A. 原始凭证　　B. 记账凭证
   C. 汇总原始凭证　　D. 财务会计报告

判断题

1. 经办人员在经济业务发生后取得的原始凭证可直接作为编制记账凭证的依据。（　　）
2. 原始凭证是登记账簿的直接依据。（　　）
3. 记账凭证是会计资料中最具法律效力的一种证明文件。（　　）
4. 会计凭证按填制程序和用途不同分为原始凭证和记账凭证。（　　）
5. 只有经过审核无误的会计凭证才能作为登记账簿的依据。（　　）

第二节　原始凭证的填制与审核

单项选择题

1. 下列凭证中，不能作为记账依据的原始凭证是（　　）。
   A. 发料单　　B. 工资结算单

C. 出差车票　　D. 购销合同

2. 下列各项中不属于原始凭证要素的是（　　）。

A. 金额　　B. 交易事项内容

C. 会计分录　　D. 经办人员签名盖章

3. 原始凭证按取得来源不同分为自制原始凭证和（　　）。

A. 汇总原始凭证　　B. 外来原始凭证

C. 通用凭证　　D. 累计凭证

多项选择题

1. 以下会计凭证中，属于一次原始凭证的有（　　）。

A. 收料单　　B. 借款单

C. 销售发票　　D. 限额领料单

2. 原始凭证按其填制手续及方式可分为（　　）。

A. 一次原始凭证　　B. 累计原始凭证

C. 外来原始凭证　　D. 汇总原始凭证

3. 下列原始凭证属于自制凭证的有（　　）。

A. 收料单　　B. 领料单

C. 工资结算单　　D. 购货时取得的发票

4. 原始凭证的内容有（　　）。

A. 凭证的名称、日期、编号　　B. 接受单位或个人名称

C. 业务内容及其数量、单价和金额　　D. 填制单位及有关人员签名或盖章

5. 原始凭证的审核应主要从（　　）方面进行。

A. 真实性　　B. 合法性

C. 完整性　　D. 系统性

判断题

1. 为了简化核算、便于记账凭证的填制，可以先将各类原始凭证进行汇总，再据以编制记账凭证。（　　）

2. 一次原始凭证一般只反映一项交易、事项，有时也可以反映若干同类性质的交易、事项。（　　）

3. 原始凭证不得涂改、刮擦、挖补，如发现填写错误的，应由出具单位更正，更正处加盖开出单位的公章。（　　）

4. 限额领料单属于累计原始凭证、自制原始凭证。（　　）

5. 预先印定编号的原始凭证，在写坏作废时，应直接撕毁。（　　）

6. 汇总原始凭证的目的是为了简化核算手续，缩减记账凭证的数量，因此，可以将同一时期内不同的经济业务内容进行汇总。（　　）

7. 审核原始凭证时发现金额有错误时，可由经办人员直接在原始凭证上进行修改。（　　）

第三节　记账凭证的填制与审核

单项选择题

1. 从银行提取现金，一般应填制的记账凭证是（　　）。
   A. 现金收款凭证　　B. 银行付款凭证
   C. 转账凭证　　D. 分别填制银行付款凭证和现金收款凭证
2. 管理部门使用的固定资产计提折旧时应填制的记账凭证是（　　）。
   A. 收款凭证　　B. 付款凭证
   C. 转账凭证　　D. 汇总记账凭证
3. 填制记账凭证的依据是（　　）。
   A. 自制原始凭证　　B. 外来原始凭证
   C. 汇总原始凭证　　D. 审核无误的原始凭证
4. 下列各项中属于记账凭证核心内容的是（　　）。
   A. 凭证编号　　B. 交易事项内容摘要
   C. 会计分录　　D. 有关人员签名盖章

多项选择题

1. 专用记账凭证按其反映的交易、事项及与货币资金的关系可分为（　　　）。
   A. 收款凭证　　B. 付款凭证
   C. 转账凭证　　D. 汇总记账凭证
2. 记账凭证按填列方式可分为（　　　）。
   A. 收款凭证　　B. 复式记账凭证
   C. 单式记账凭证　　D. 付款凭证
3. 记账凭证的审核内容包括（　　　）。
   A. 内容是否真实　　B. 项目是否齐全
   C. 科目、金额是否正确　　D. 书写是否正确

判断题

1. 企业从银行提取现金，一方面表现为现金的增加，另一方面表现为银行存款的减少，因此应编制现金收款记账凭证和银行存款付款记账凭证。（　　）

2. 只有用于记录库存现金收入业务的会计凭证才是收款凭证。（　　）

3. 用于记录库存现金和银行存款业务的会计凭证是转账凭证。（　）

4. 当一笔经济业务需要填制一张以上的记账凭证时，记账凭证可以采取分数编号法编号。（　）

5. 所有记账凭证都必须附原始凭证。（　）

6. 记账凭证必须根据每一张原始凭证填制。（　）

7. 记账凭证可以根据每一张原始凭证填制，也可以根据若干张同类原始凭证汇总编制。（　）

8. 不同类别、不同内容的原始凭证可以汇总填制一张记账凭证。（　）

实训题

实训 6－1

【目的】 练习原始凭证的填制。

【资料】 4 月 12 日，南方有限责任公司销售乙产品 400 件给正源贸易有限责任公司，单价 170 元，双方均为增值税一般纳税人，税率 13%。

【要求】 根据上述经济业务描述，将表 6－1 的原始凭证补充完整。

表 6－1　　××省增值税专用发票

2100033748　　No00661357

发　票　联　　开票日期：　年　月　日

<table>
<tr><td>购货单位</td><td colspan="4">名　　称：
纳税人识别号：
地 址 、电 话：
开户行及账号：</td><td>密码区</td><td colspan="3">（略）</td></tr>
<tr><td colspan="2">货物应税劳务名称</td><td>规格型号</td><td>单　位</td><td>数　量</td><td>单　价</td><td>金　额</td><td>税　率</td><td>税　额</td></tr>
<tr><td colspan="2"></td><td></td><td></td><td></td><td></td><td></td><td></td><td></td></tr>
<tr><td colspan="2">价税合计（大写）</td><td colspan="7">仟　佰　拾　万　仟　佰　拾　元　角　分　　¥</td></tr>
<tr><td>销货单位</td><td colspan="4">名　　称：
纳税人识别号：
地 址 、电 话：
开户行及账号：</td><td>备注</td><td colspan="3"></td></tr>
</table>

第二联：发票联　销货方记账凭证

收款人：　　复核：　　开票人：　　销货单位：（章）

实训 6－2

【目的】 练习原始凭证的填制。

【资料】 6 月份，二车间核定生产丙产品所耗用的 C 型圆钢的领用限额为 800 千克，每千克C型圆钢的单价为6元。该月份生产丙产品，由生产计划部门下达“限额领料单”，车间在该月份之内领用C型圆钢情况如下：

6月1日，二车间申请领用300千克，仓库如数发料。

6月9日，二车间申请领用200千克，仓库如数发料。

6月21日，二车间申请领用200千克，仓库如数发料。

6月28日，二车间申请领用80千克，仓库如数发料。

【要求】 根据上述经济业务描述，将原始凭证（表6－2）补充完整。

表6－2

限 额 领 料 单

年 月

编号：

领料单位：　　用　途：　　计划产量：

材料编号：1022　　名称规格：C型圆钢　　计量单位：千克

单　价：6.00元　　消耗定量：　　领用限额：800

年		申领		实发				
月	日	数量	领料单位负责人	数量	累计	发料人	领料人	限额结余
合计								

供应部门负责人：郑笑　　生产计划部门负责人：李季　　仓库负责人：王丹青

实训6－3

【目的】 练习收付款记账凭证的填制。

【资料】 某企业3月份发生下列交易、事项：

1. 3月2日，收到A公司偿还的前欠货款30 000元，存入银行。

2. 3月3日，销售一批乙产品，售价80 000元，已开具增值税专用发票。收到支票一张，已存入银行。

3. 3月6日，购进甲材料一批，取得的专用发票上记载的货款为10 000元，增值税1 300元，全部款项已用银行存款支付，材料运到并验收入库。

4. 3月8日，接受H公司现金投资1 200 000元，存入银行。

5. 3月10日，以银行存款偿还已到期的长期借款80 000元。

6. 3月16日，根据合同规定，预收M公司购买乙产品的价款40 000元，已存入银行。

7. 3月19日，从银行提取现金1 000元，备用。

8. 3月21日，购买办公用品，发票上记载金额为600元，以现金支付。

9. 3月28日，取得短期借款20 000元，存入银行。

10. 3月30日，办公室主任李强出差预借差旅费800元，以现金支付。

【要求】 根据该企业发生的上述交易事项，填制表6－3至表6－12的收付款记账凭证。

表 6－3

收　款　凭　证

年　月　日

凭证编号：

借方科目：

摘　要	结算方式	票号	贷方科目		金额										记账符号
			总账科目	明细科目	千	百	十	万	千	百	十	元	角	分	
附单据　张			合计												

财务主管：　记账：　审核：　制单：　出纳：　交款人：

表 6－4

收　款　凭　证

年　月　日

凭证编号：

借方科目：

摘　要	结算方式	票号	贷方科目		金额										记账符号
			总账科目	明细科目	千	百	十	万	千	百	十	元	角	分	
附单据　张			合计												

财务主管：　记账：　审核：　制单：　出纳：　交款人：

表 6－5

付　款　凭　证

年　月　日

凭证编号：

贷方科目：

摘　要	借方科目		金额										记账符号
	总账科目	明细科目	千	百	十	万	千	百	十	元	角	分	
附单据　张	合　计												

会计主管：　记账：　稽核：　制单：　出纳：　领款人：

表 6－6

收　款　凭　证

年　月　日

凭证编号：

借方科目：

摘　要	结算方式	票号	贷方科目		金额										记账符号
			总账科目	明细科目	千	百	十	万	千	百	十	元	角	分	
附单据　张			合计												

财务主管：　记账：　审核：　制单：　出纳：　交款人：

表 6－7　　付 款 凭 证　　凭证编号：

年　月　日　　贷方科目：

摘　要	借方科目		金额										记账符号
	总账科目	明细科目	千	百	十	万	千	百	十	元	角	分	
附单据　张	合　计												

会计主管：　记账：　稽核：　制单：　出纳：　领款人：

表 6－8　　收 款 凭 证　　凭证编号：

年　月　日　　借方科目：

摘　要	结算方式	票号	贷方科目		金额										记账符号
			总账科目	明细科目	千	百	十	万	千	百	十	元	角	分	
附单据　张			合计												

财务主管：　记账：　审核：　制单：　出纳：　交款人：

表 6－9　　付 款 凭 证　　凭证编号：

年　月　日　　贷方科目：

摘　要	借方科目		金额										记账符号
	总账科目	明细科目	千	百	十	万	千	百	十	元	角	分	
附单据　张	合　计												

会计主管：　记账：　稽核：　制单：　出纳：　领款人：

表 6－10　　付 款 凭 证　　凭证编号：

年　月　日　　贷方科目：

摘　要	借方科目		金额										记账符号
	总账科目	明细科目	千	百	十	万	千	百	十	元	角	分	
附单据　张	合　计												

会计主管：　记账：　稽核：　制单：　出纳：　领款人：

表 6－11　　　　收　款　凭　证　　　　凭证编号：

年　月　日　　　　借方科目：

摘　要	结算方式	票号	贷方科目		金额										记账符号
			总账科目	明细科目	千	百	十	万	千	百	十	元	角	分	
附单据　张			合计												

财务主管：　　记账：　　审核：　　制单：　　出纳：　　交款人：

表 6－12　　　　付　款　凭　证　　　　凭证编号：

年　月　日　　　　贷方科目：

摘　要	借方科目		金额										记账符号
	总账科目	明细科目	千	百	十	万	千	百	十	元	角	分	
附单据　张	合　计												

会计主管：　　记账：　　稽核：　　制单：　　出纳：　　领款人：

表 6－13　　　　付　款　凭　证　　　　凭证编号：

年　月　日　　　　贷方科目：

摘　要	借方科目		金额										记账符号
	总账科目	明细科目	千	百	十	万	千	百	十	元	角	分	
附单据　张	合　计												

会计主管：　　记账：　　稽核：　　制单：　　出纳：　　领款人：

实训 6－4

【目的】练习转账记账凭证的填制。

【资料】某企业 5 月份发生下列交易、事项：

1. 5 月 6 日，从 H 公司购进甲材料一批，增值税专用发票上记载的货款为 80 000 元，增值税 10 400 元。款项尚未支付，材料已验收入库。

2. 5 月 9 日，接受大华公司投资的机器设备一台，价值 30 000 元。

3. 5 月 10 日，生产 A 产品领用甲材料 40 000 元。

4. 5 月 31 日，按规定计提固定资产折旧 38 000 元。其中，生产车间使用的固定资产应计提折旧费20 000元，公司行政管理部门使用的固定资产应计提折旧费18 000元。

5. 5月31日，销售丙产品一批给四方公司，售价16 000，增值税率13%，商品已发出，款项尚未收到。

【要求】根据该企业发生的上述交易事项，填制表6－14至表6－18的转账记账凭证。

表6－14　　　　**转　账　凭　证**

年　月　日　　　　凭证编号：

摘　要	会计科目		借方金额										贷方金额										记账符号
	总账科目	明细科目	千	百	十	万	千	百	十	元	角	分	千	百	十	万	千	百	十	元	角	分	
附单据　张		合计																					

会计主管：　　　　记账：　　　　稽核：　　　　制单：

表6－15　　　　**转　账　凭　证**

年　月　日　　　　凭证编号：

摘　要	会计科目		借方金额										贷方金额										记账符号
	总账科目	明细科目	千	百	十	万	千	百	十	元	角	分	千	百	十	万	千	百	十	元	角	分	
附单据　张		合计																					

会计主管：　　　　记账：　　　　稽核：　　　　制单：

表6－16　　　　**转　账　凭　证**

年　月　日　　　　凭证编号：

摘　要	会计科目		借方金额										贷方金额										记账符号
	总账科目	明细科目	千	百	十	万	千	百	十	元	角	分	千	百	十	万	千	百	十	元	角	分	
附单据　张		合计																					

会计主管：　　　　记账：　　　　稽核：　　　　制单：

表 6－17

转 账 凭 证

年 月 日　　　　凭证编号：

摘要	会计科目		借方金额										贷方金额										记账符号
	总账科目	明细科目	千	百	十	万	千	百	十	元	角	分	千	百	十	万	千	百	十	元	角	分	
附单据 张	合计																						

会计主管：　　　　记账：　　　　稽核：　　　　制单：

表 6－18

转 账 凭 证

年 月 日　　　　凭证编号：

摘要	会计科目		借方金额										贷方金额										记账符号
	总账科目	明细科目	千	百	十	万	千	百	十	元	角	分	千	百	十	万	千	百	十	元	角	分	
附单据 张	合计																						

会计主管：　　　　记账：　　　　稽核：　　　　制单：

第四节　会计凭证的传递和保管

判断题

1. 会计凭证的传递必须经过所有的部门和人员。　（　　）
2. 会计凭证应当定期装订成册。　（　　）
3. 会计凭证中的原始凭证因特殊需要时可以外借。　（　　）
4. 原始凭证无论多少，必须附在记账凭证后。　（　　）
5. 出纳人员可以兼管会计档案。　（　　）

单元检测 1

一、单项选择题

1. 下列各项中，将会计凭证分为原始凭证和记账凭证两大类依据的是（　　）。

   A. 凭证填制的时间　　B. 凭证填制的程序和用途

   C. 凭证填制的方法　　D. 凭证所反映的经济内容

2. （　　）是会计工作的起点和关键。

   A. 填制和审核会计凭证　　B. 编制会计分录

   C. 登记会计账簿　　D. 编制会计报表

3. 下列关于原始凭证按照填制手续及内容不同所作分类的描述中，正确的是（　　）。

   A. 分为外来原始凭证和自制原始凭证　　B. 分为收款凭证、付款凭证和转账凭证

   C. 分为一次凭证、累计凭证和汇总凭证　　D. 分为通用凭证和专用凭证

4. 下列关于仓库保管人员填制的收料单性质的描述中，正确的是（　　）。

   A. 收料单是企业外来的原始凭证　　B. 收料单是企业自制的原始凭证

   C. 收料单是企业汇总的原始凭证　　D. 收料单是企业的累计原始凭证

二、多项选择题

1. 下列关于会计凭证的说法中正确的有（　　　）。

   A. 会计凭证是记录经济业务发生和完成情况的书面证明

   B. 会计凭证是登记账簿的依据

   C. 任何单位，每发生一项经济业务，经办人员必须按照规定的程序和要求，认真填制会计凭证

   D. 任何会计凭证均可作为登记账簿的依据

2. 下列各项中属于原始凭证基本内容的有（　　　）。

   A. 原始凭证名称　　B. 凭证编号

   C. 接受凭证单位的名称　　D. 数量、单价、金额

3. 下列人员中，属于需要在自制原始凭证上签字或盖章的有（　　　）。

   A. 经办部门负责人　　B. 出纳人员

   C. 记账人员　　D. 经办人员

4. 下列各项中属于审核原始凭证时应当注意的事项的有（　　　）。

   A. 从外单位取得的原始凭证，必须盖有填制单位的公章

   B. 自制的始凭证，必须有经办部门经办人员的签名或者盖章

   C. 经济业务应当符合国家有关政策、法规、制度的规定

   D. 原始凭证所记录经济业务应当符合会计主体经济活动的需要

5. 下列关于一次凭证的说法中，正确的有（　　　）。

   A. 一次凭证是指反映一项经济业务，或者同时反映若干项同类性质的经济业务

B. 一次凭证的填制手续是一次完成的会计凭证

C. 企业购进材料验收入库，由仓库保管员填制的“收料单”属于一次凭证

D. 工业企业常用限额领料单是常见的一次凭证

6. 下列各项中，属于填制外来原始凭证时应当注意的事项的有（　　　）。

A. 会计人员在记录经济业务时，应注意外来原始凭证的填制内容是否完整有效

B. 外来原始凭证一般由税务局等部门统一印制，或经税务部门批准由经济单位印制，在填制时加盖出据凭证单位公章方有效

C. 对于一式多联的原始凭证必须用复写纸套写

D. 对于一式多联的原始凭证无须用复写纸套写

三、判断题

1. 企业在与外单位发生的任何经济业务中，取得的各种书面证明都是原始凭证。（　　）
2. 采用累计原始凭证可以减少凭证的数量和记账的次数。（　　）
3. 一张累计凭证可连续记录所发生的经济业务。（　　）

四、填制会计凭证

1. 6 月 10 日，以银行存款偿还短期借款 60 000 元。

付　款　凭　证　　　　凭证编号：

年　月　日　　　　贷方科目：

摘　要	借方科目		金额										记账符号
	总账科目	明细科目	千	百	十	万	千	百	十	元	角	分	
附单据　张	合　计												

会计主管：　　记账：　　稽核：　　制单：　　出纳：　　领款人：

2. 6 月 13 日，销售一批丙产品。售价 50 000 元，已开具增值税专用发票。收到支票一张，已存入银行。

收　款　凭　证　　　　凭证编号：

年　月　日　　　　借方科目：

摘　要	结算方式	票号	贷方科目		金额										记账符号
			总账科目	明细科目	千	百	十	万	千	百	十	元	角	分	
附单据　张			合计												

财务主管：　　记账：　　审核：　　制单：　　出纳：　　交款人：

3. 6月20日，生产A产品领用甲材料32 000元。

转 账 凭 证

年 月 日　　　　　　凭证编号：

摘要	会计科目		借方金额										贷方金额										记账符号
	总账科目	明细科目	千	百	十	万	千	百	十	元	角	分	千	百	十	万	千	百	十	元	角	分	
附单据 张	合计																						

会计主管：　　　　记账：　　　　稽核：　　　　制单：

单元检测2

一、单项选择题

1. 下列业务中，应编制付款凭证的是（　　）。
   A. 收回前欠货款30 000元
   B. 购入材料1 000元，货款未付
   C. 以银行存款归还前欠货款50 000元
   D. 接受投资者投入280 000元
2. 下列各项中，可以不附原始凭证的是（　　）。
   A. 更正错误的记账凭证
   B. 从银行提取库存现金的记账凭证
   C. 以库存现金发放工资的记账凭证
   D. 职工临时性借款的记账凭证

二、多项选择题

1. 下列各项中属于记账凭证必须具备的基本内容有（　　）。
   A. 记账凭证的名称　　B. 记账凭证的日期
   C. 记账凭证的编号　　D. 经济业务事项的内容摘要
2. 下列各项的中属于编制转账凭证时贷方不可能出现的会计科目有（　　）。
   A. “库存现金”　　B. “银行存款”
   C. “应收账款”　　D. “应付账款”
3. 下列各项中，属于记账凭证的有（　　）。
   A. 转账凭证　　B. 收款凭证
   C. 科目汇总表　　D. 汇总记账凭证

4. 下列各项中，属于记账凭证基本内容的有（　　　　）。

A. 填制凭证的日期和凭证的编号

B. 会计科目的名称、记账方向和金额

C. 所附科目的名称、记账方向和金额

D. 制证、复核、会计主管等有关人员的签章

三、判断题

1. 出纳人员在办理收、付款后，应在有关凭证上加盖“收讫”或“付讫”的戳记，以避免重收重付。（　　）

2. 记账凭证应根据审核无误的原始凭证或原始凭证汇总表编制。（　　）

3. 会计分录的编写是否正确是记账凭证审核的一项重要内容。（　　）

4. 会计凭证的专递是指会计凭证取得或填制时起至归档保管过程中，在单位内部有关会计部门和人员之间的传递程序。（　　）

5. 企业的原始凭证如果其他单位有特殊原因确实需要使用时，可以提供原件。（　　）

四、填制会计凭证

1. 6 月 10 日，办公室主任王丽丽出差预借差旅费 3 000 元，企业以现金支付。

付　款　凭　证

年　月　日

凭证编号：

贷方科目：

摘　要	借方科目		金额										记账符号
	总账科目	明细科目	千	百	十	万	千	百	十	元	角	分	
附单据　张	合　计												

会计主管：　　记账：　　稽核：　　制单：　　出纳：　　领款人：

2. 6 月 23 日，王丽丽出差归来报销差旅费 2 300 元，交回现金 700 元。

收　款　凭　证

年　月　日

凭证编号：

借方科目：

摘　要	结算方式	票号	贷方科目		金额										记账符号
			总账科目	明细科目	千	百	十	万	千	百	十	元	角	分	
附单据　张			合计												

财务主管：　　记账：　　审核：　　制单：　　出纳：　　交款人：

转 账 凭 证

年 月 日 凭证编号：

摘 要	会计科目		借方金额										贷方金额										记账符号
	总账科目	明细科目	千	百	十	万	千	百	十	元	角	分	千	百	十	万	千	百	十	元	角	分	
附单据 张	合计																						

会计主管： 记账： 稽核： 制单：

第七单元 *Chapter 7*

登 记 账 簿

第一节　登记账簿的含义及分类

单项选择题

1. 编制财务报表的基础是（　　）。

A. 原始凭证　　B. 记账凭证

C. 会计凭证　　D. 会计账簿

2. 用来登记某种性质相同的交易事项的日记账是（　　）。

A. 普通日记账　　B. 特种日记账

C. 总账　　D. 明细账

3. 总账必须使用（　　）账。

A. 活页账　　B. 订本账

C. 卡片账　　D. 多栏式账

4. （　　）账簿只是对其他账簿的一种补充，与其他账簿之间不存在严密的依存和钩稽关系。

A. 日记账　　B. 总账

C. 明细账　　D. 备查账

5. 下列账簿一般采用数量金额式明细账的是（　　）。

A. 原材料明细账　　B. 现金日记账

C. 总账　　D. 应收账款明细账

6. 应付账款明细分类账采用的账页格式是（　　）。

A. 三栏式　　B. 数量金额式

C. 多栏式　　D. 横线登记式

7. 对临时租入的固定资产应在（　　）账簿中登记。

A. 日记账　　B. 总分类账

C. 明细分类账　　D. 备查账

8. 成本费用明细分类账的账页格式一般采用（　　）。

A. 三栏式　　B. 多栏式

C. 数量金额式

D. 横线登记式

9. 总账一般采用（　　）。

A. 三栏式

B. 多栏式

C. 数量金额式

D. 横线登记式

多项选择题

1. 会计账簿按用途可以分为（　　　　）。

A. 日记账

B. 分类账

C. 备查账

D. 明细账

2. 会计账簿按外形特征可分为（　　　　）。

A. 订本账

B. 活页账

C. 备查账

D. 卡片账

3. 分类账按其反映经济业务的详略程度分为（　　　　）

A. 总账

B. 日记账

C. 明细账

D. 备查账

4. 下列账簿必须使用订本账的有（　　　　）。

A. 总账

B. 明细账

C. 现金日记账

D. 银行存款日记账

5. 会计账簿按账页格式可分为（　　　　）。

A. 两栏式

B. 三栏式

C. 多栏式

D. 数量金额式

6. 数量金额式明细分类一般适用于下列哪些账户的登记（　　　　）。

A. “应付账款”

B. “原材料”

C. “库存商品”

D. “制造费用”

第二节　登记账簿的规则

单项选择题

1. 账簿上的记录文字必须清晰，数字必须规范，书写的文字数字一般（　　）。

A. 占满格

B. 占行高的 1/3

C. 占行高的 1/2

D. 占行高的 1/5

2. 下列说法正确的是（　　）。

A. 登记账簿不允许使用红色墨水

B. 红色墨水只允许在冲销错账时使用

C. 登记账簿可以使用圆珠笔

D. 登记账簿必须使用蓝黑或碳素墨水

多项选择题

1. 在账簿登记时，下列（　　）做法是正确的。
   A. 以审核无误的会计凭证为登账依据
   B. 用蓝黑墨水或黑墨水书写
   C. 期末余额可用铅笔记账
   D. 发生跳行隔页，应在空行或空页中划对角红线注销
2. 下列说法正确的有（　　）。
   A. 需要结出余额的账户，应当在借或贷栏内标明“借”或“贷”字样
   B. 没有余额的账户，应当在借或贷栏内标明“平”的字样
   C. 没有余额的账户，不需要结账
   D. 现金日记账和银行存款日记账必须逐日结出余额

判断题

1. 只有冲销错账才可以使用红字，其余情况一律不得使用红字。（　　）
2. 账簿上记录的数字必须清晰，所以要在账页中满格书写。（　　）
3. 登账时发生跳行隔页时，要用“/”注销后，还需要由记账人员在空白处签名或盖章。（　　）
4. 发生记账错误时，应用涂改液进行修改。（　　）
5. 在账簿登记中，红字表示减少数，一般不能随便使用。（　　）
6. 备查账一般没有固定的格式，由各单位根据管理需要设计相应的项目和内容。（　　）
7. 每一笔交易事项在账簿中登记完毕后，要做出记账标识，表明交易事项已经记账。（　　）

第三节　登记账簿的方法

单项选择题

1. 对于从银行提取现金的经济业务，登记现金日记账的依据是（　　）。
   A. 现金收款凭证　　B. 银行存款收款凭证
   C. 现金付款凭证　　D. 银行存款付款凭证
2. 只进行金额核算的账户，其明细账的格式一般为（　　）。
   A. 数量金额式　　B. 多栏式
   C. 三栏式　　D. 横线登记式

3. 下列账户的明细核算应当采用数量金额式明细账的是（　　）。

A. 应收账款　　B. 库存现金

C. 库存商品　　D. 本年利润

4. 下列账户的明细核算一般采用多栏式明细账的有（　　）。

A. 应收账款　　B. 库存现金

C. 库存商品　　D. 管理费用

多项选择题

1. 对于从银行提取现金的经济业务，应登记的账簿有（　　）。

A. 现金日记账　　B. 现金总账

C. 银行存款日记账　　D. 银行存款总账

2. 明细分类账的登记依据有（　　）。

A. 原始凭证　　B. 原始凭证汇总表

C. 记账凭证　　D. 记账凭证汇总表

3. 下列账户的明细核算应当采用数量金额式明细账的有（　　）。

A. 原材料　　B. 库存现金

C. 库存商品　　D. 本年利润

4. 下列账户的明细核算应当采用多栏式明细账的有（　　）。

A. 生产成本　　B. 制造费用

C. 库存商品　　D. 管理费用

判断题

1. 现金日记账、银行存款日记账所采用的账页格式由企业自行决定。（　　）

2. 数量金额式明细账适用于那些既需要进行金额核算，又要进行数量核算的账户。（　　）

3. 三栏式现金日记账必须用订本账，多栏式现金日记账可以使用活页账。（　　）

4. 生产成本、管理费用等成本费用类账户一般采用多栏式明细账。（　　）

实训题

实训 7－1

【目的】 练习日记账的登记。

【资料】 某企业 3 月份发生下列经济业务：

1. 3 月 2 日，收到 A 公司偿还的前欠货款 30 000 元，存入银行。

2. 3 月 3 日，销售一批乙产品。售价 80 000 元，已开具增值税专用发票。收到支票一张，已存入银行。

3. 3 月 6 日，购进甲材料一批，取得的专用发票上记载的货款为 10 000 元，增值税

1 300 元，全部款项已用银行存款支付，材料运到并验收入库。

4. 3 月 8 日，接受 H 公司现金投资 1 200 000 元，存入银行。

5. 3 月 10 日，以银行存款偿还已到期的长期借款 80 000 元。

6. 3 月 16 日，根据合同规定，预收 M 公司购买乙产品的价款 40 000 元，已存入银行。

7. 3 月 19 日，从银行提取现金 1 000 元，备用。

8. 3 月 21 日，购买办公用品，发票上记载金额为 600 元，以现金支付。

9. 3 月 28 日，取得短期借款 20 000 元，存入银行。

10. 3 月 30 日，办公室主任李强出差预借差旅费 800 元，以现金支付。

【要求】根据所填制的收付款记账凭证登记表 7－1 的现金日记账和表 7－2 的银行存款日记账。现金日记账期初余额 850 元，银行存款日记账期初余额为 45 000 元。

表 7－1 **现 金 日 记 账**

××年		凭证编号	摘要	借方										√	贷方										借或贷	余额									
月	日			千	百	十	万	千	百	十	元	角	分		千	百	十	万	千	百	十	元	角	分		千	百	十	万	千	百	十	元	角	分

表 7－2 **银行存款日记账**

××年		凭证编号	摘要	借方										√	贷方										借或贷	余额									
月	日			千	百	十	万	千	百	十	元	角	分		千	百	十	万	千	百	十	元	角	分		千	百	十	万	千	百	十	元	角	分

实训 7－2

【目的】练习明细账的登记。

【资料】某企业十月份发生下列交易事项：

1. 5 日，分配本月应付职工薪酬 18 000 元。其中，生产乙产品人员薪酬 10 000 元，厂部管理人员薪酬 3 000 元。车间管理人员薪酬 5 000 元。
2. 5 日，以银行存款支付办公费 420 元。
3. 8 日，以现金支付管理部门使用的复印机维修费 400 元。
4. 12 日，厂部管理人员出差回来报销差旅费 960 元，原预借 1 000 元，余款退还现金。
5. 20 日，以银行存款支付水电费 2 400 元，其中车间用 1 800 元，行政办公用 600 元。
6. 28 日，计提本月固定资产折旧费 2 200 元，其中车间固定资产折旧费 1 600 元，管理部门固定资产折旧费 600 元。
7. 29 日，以现金支付业务招待费 300 元。
8. 30 日，将本月“管理费用”账户借方发生额 6 280 元转至“本年利润”账户。

【要求】根据上述交易事项，编制表 7－3 至表 7－10 的记账凭证，并登记表 7－11 的管理费用明细账。

表 7－3　　**通用记账凭证**

年　月　日　　　　凭证编号：

摘　要	会计科目		借方金额										贷方金额										记账符号
	总账科目	明细科目	千	百	十	万	千	百	十	元	角	分	千	百	十	万	千	百	十	元	角	分	
附单据　张	合计																						

会计主管：　　　　记账：　　　　稽核：　　　　制单：

表 7－4　　**通用记账凭证**

年　月　日　　　　凭证编号：

摘　要	会计科目		借方金额										贷方金额										记账符号
	总账科目	明细科目	千	百	十	万	千	百	十	元	角	分	千	百	十	万	千	百	十	元	角	分	
附单据　张	合计																						

会计主管：　　　　记账：　　　　稽核：　　　　制单：

表 7－5

通用记账凭证

年　月　日　　　　　　凭证编号：

摘要	会计科目		借方金额										贷方金额										记账符号
	总账科目	明细科目	千	百	十	万	千	百	十	元	角	分	千	百	十	万	千	百	十	元	角	分	
附单据　张	合计																						

会计主管：　　　　记账：　　　　稽核：　　　　制单：

表 7－6

通用记账凭证

年　月　日　　　　　　凭证编号：

摘要	会计科目		借方金额										贷方金额										记账符号
	总账科目	明细科目	千	百	十	万	千	百	十	元	角	分	千	百	十	万	千	百	十	元	角	分	
附单据　张	合计																						

会计主管：　　　　记账：　　　　稽核：　　　　制单：

表 7－7

通用记账凭证

年　月　日　　　　　　凭证编号：

摘要	会计科目		借方金额										贷方金额										记账符号
	总账科目	明细科目	千	百	十	万	千	百	十	元	角	分	千	百	十	万	千	百	十	元	角	分	
附单据　张	合计																						

会计主管：　　　　记账：　　　　稽核：　　　　制单：

表 7－8

通 用 记 账 凭 证

年　月　日　　　　　　　　凭证编号：

摘　要	会计科目		借方金额										贷方金额										记账符号
	总账科目	明细科目	千	百	十	万	千	百	十	元	角	分	千	百	十	万	千	百	十	元	角	分	
附单据　张	合计																						

会计主管：　　　　记账：　　　　稽核：　　　　制单：

表 7－9

通 用 记 账 凭 证

年　月　日　　　　　　　　凭证编号：

摘　要	会计科目		借方金额										贷方金额										记账符号
	总账科目	明细科目	千	百	十	万	千	百	十	元	角	分	千	百	十	万	千	百	十	元	角	分	
附单据　张	合计																						

会计主管：　　　　记账：　　　　稽核：　　　　制单：

表 7－10

通 用 记 账 凭 证

年　月　日　　　　　　　　凭证编号：

摘　要	会计科目		借方金额										贷方金额										记账符号
	总账科目	明细科目	千	百	十	万	千	百	十	元	角	分	千	百	十	万	千	百	十	元	角	分	
附单据　张	合计																						

会计主管：　　　　记账：　　　　稽核：　　　　制单：

表 7－11

管理费用 明细分类账

××年		凭证编号	摘要	借方																																																						贷方									余额								
				办公费									工资福利费									折旧费									水电费									其他									合计																										
月	日			百	十	万	千	百	十	元	角	分	百	十	万	千	百	十	元	角	分	百	十	万	千	百	十	元	角	分	百	十	万	千	百	十	元	角	分	百	十	万	千	百	十	元	角	分	百	十	万	千	百	十	元	角	分	百	十	万	千	百	十	元	角	分	百	十	万	千	百	十	元	角	分

实训 7－3

【目的】 练习明细账的登记。

【资料】 某企业 5 月份发生下列乙材料收发业务：

1. 乙材料的结存数量为 400 千克，单位成本为 40 元。

2. 5 日，用银行存款购入乙材料 500 千克，单价 40 元，增值税率 13%。材料已验收入库，按实际采购成本入账。

3. 8 日，购入乙材料 3 000 千克，单价 38 元，增值税率 13%，款项尚未支付。材料已验收入库，按实际采购成本入账。

4. 15 日，购入乙材料 1 000 千克，单价 39 元，增值税率 13%，款项尚未付。材料已验收入库。

5. 31 日，生产 A 产品领用乙材料 800 千克，单位成本 40 元。

【要求】 根据上述有关乙材料的收发业务，编制表 7－12 到表 7－15 的记账凭证，并登记表 7－16 的原材料明细账。

表 7－12　　　　　　　　**通 用 记 账 凭 证**

年　月　日　　　　　　　　凭证编号：

摘　要	会计科目		借方金额										贷方金额										记账符号
	总账科目	明细科目	千	百	十	万	千	百	十	元	角	分	千	百	十	万	千	百	十	元	角	分	
附单据　张	合计																						

会计主管：　　　　　记账：　　　　　稽核：　　　　　制单：

表 7－13　　　　　　　　**通 用 记 账 凭 证**

年　月　日　　　　　　　　凭证编号：

摘　要	会计科目		借方金额										贷方金额										记账符号
	总账科目	明细科目	千	百	十	万	千	百	十	元	角	分	千	百	十	万	千	百	十	元	角	分	
附单据　张	合计																						

会计主管：　　　　　记账：　　　　　稽核：　　　　　制单：　　　　　交领款人：

表 7－14

<u>通 用 记 账 凭 证</u>

年　月　日　　　　凭证编号：

摘　要	会计科目		借方金额										贷方金额										记账符号
	总账科目	明细科目	千	百	十	万	千	百	十	元	角	分	千	百	十	万	千	百	十	元	角	分	
附单据　张	合计																						

会计主管：　　　记账：　　　稽核：　　　制单：

表 7－15

<u>通 用 记 账 凭 证</u>

年　月　日　　　　凭证编号：

摘　要	会计科目		借方金额										贷方金额										记账符号
	总账科目	明细科目	千	百	十	万	千	百	十	元	角	分	千	百	十	万	千	百	十	元	角	分	
附单据　张	合计																						

会计主管：　　　记账：　　　稽核：　　　制单：

表 7－16

<u>原材料</u>明细分类账

名称：　　　编号：　　　规格：　　　计量单位：　　　金额：

××年		凭证编号	摘要	借方											贷方											余额										
月	日			数量	单价	金额									数量	单价	金额									数量	单价	金额								
						百	十	万	千	百	十	元	角	分			百	十	万	千	百	十	元	角	分			百	十	万	千	百	十	元	角	分

第四节　对账和结账

单项选择题

1. 会计人员记账后发现记账凭证中账户的对应关系正确，但所记金额大于应记金额，应采用的错账更正方法是（　　）。

A. 划线更正法　　B. 红字更正法

C. 补充登记法　　D. 不做调整

2. 会计人员记账后发现记账凭证中账户的对应关系正确，但所记金额小于应记金额，应采用的错账更正方法是（　　）。

A. 划线更正法　　B. 红字更正法

C. 补充登记法　　D. 不做调整

3. 原始凭证金额有错误，应当（　　）。

A. 用红字更正法更正　　B. 用划线更正法更正

C. 用补充登记法更正　　D. 由出具单位重开

4. 会计人员记账后发现记账凭证中账户使用错误，应采用的错账更正方法是（　　）。

A. 划线更正法　　B. 红字更正法

C. 补充登记法　　D. 不做调整

多项选择题

1. 错账的更正方法包括（　　）。

A. 划线更正法　　B. 红字冲销法

C. 蓝字冲销法　　D. 补充登记法

2. 账账核对主要包括（　　）。

A. 总账与总账核对

B. 总账与所属明细账核对

C. 财产物资明细账与财物保管使用账核对

D. 库存现金、银行存款总账与日记账核对

3. 结账主要包括（　　）。

A. 日结　　B. 月结

C. 季结　　D. 年结

4. 对账工作主要包括（　　）。

A. 账账核对　　B. 账证核对

C. 账实核对　　D. 重新登账

判断题

1. 银行存款日记账余额与银行对账单余额核对属于账账核对。 （ ）
2. 应收账款明细账余额与对方单位的账面记录核对属于账实核对。 （ ）
3. 更正错账的记账凭证可以不附原始凭证。 （ ）
4. 年终结账时，有余额的账户不需要结账，直接将余额结转下年。 （ ）
5. 结账前应当将本期所发生的交易事项全部登记入账，并检查是否有错漏。 （ ）

实训题

实训7－4

【目的】 练习更正错账的方法。

【资料】

1. 开出转账支票，偿还A公司货款3 800元。账务处理（已入账）为：

借：应付账款 38 000
　　贷：银行存款 38 000

2. 以现金786元购买办公用品。账务处理（已入账）为：

借：管理费用 768
　　贷：库存现金 768

3. 企业管理部门领用原材料800元，生产产品领用原材料600元。账务处理（已入账）为：

借：生产成本 1 400
　　贷：原材料 1 400

4. 收到B公司偿还的欠款35 000元，存入银行。账务处理（尚未入账）为：

借：银行存款 53 000
　　贷：应收账款 53 000

【要求】 采用适当的方法更正上述错账。

单元检测1

一、单项选择题

1. 下列各项的适合于采用活页式账簿形式的是（ ）。

A. 明细分类账　　B. 银行存款日记账

C. 库存现金日记账　　D. 备查账

2. 下列各项中，应作为将账簿分为序时账簿、分类账簿、备查账簿的依据的是（ ）。

A. 用途　　B. 外表形式

C. 格式　　D. 启用时间

3. 下列凭证中，属于补充登记法更正错误时应编制的记账凭证是（　　）。

A. 红字记账凭证

B. 蓝字记账凭证

C. 一张红字及一张蓝字记账凭证

D. 不能确定

4. 下列各项中，可以采用划线更正法的是（　　）。

A. 记账凭证中会计账户或借贷方错误，导致账簿记录错误

B. 记账凭证正确，登记账簿时发生文字或数字错误

C. 记账凭证中会计账户或借贷方正确，所记金额大于应记金额，导致账簿记录错误

D. 记账凭证中会计账户或借贷方正确，所记金额小于应记金额，导致账簿记录错误

二、多项选择题

1. 下列关于会计账簿的说法中正确的有（　　）。

A. 会计账簿是由一定格式账页组成的

B. 会计账簿是以经过审核的会计凭证为依据的

C. 设置和登记会计账簿是编制会计报表的依据

D. 通过账簿的设置和登记，不能够检查、校正会计信息

2. 下列各项中，适用三栏式明细分类账的有（　　）。

A. 资本明细账　　B. 债权明细账

C. 债务明细账　　D. 利润分配明细账

3. 下列各项中属于账簿按其经济用途不同所分类别的有（　　）。

A. 序时账簿　　B. 分类账簿

C. 备查账簿　　D. 总分类账簿

4. 下列各项中属于账簿应具备的基本内容有（　　）。

A. 封面　　B. 账夹

C. 扉页　　D. 账页

5. 下列关于会计账簿启用的说法中正确的有（　　）。

A. 启用会计账簿时，应在会账簿封面上写明单位名称和账簿名称

B. 启用会计账簿时，应在账簿的扉页上附启用表

C. 启用订本式账簿时应当从第一面到最后一页顺序编定页数、不得跳页、缺号

D. 在年度开始启用新账簿时应把上年度的期末余额记入新账的第一行

三、判断题

1. 账簿只是一个外在形式，账户才是它的真实内容。账簿与账户的关系是形式和内容的关系。（　　）

2. 账簿中书写的文字和数字上面要留有适当空距，一般应占格距的1/2，以便于发现错误时进行修改。（　　）

3. 登记账簿时，发生的空行要用斜线注销，发生的空页则可以撕掉。 (　　)

4. 期末对账时，包括账证核对，即会计账簿记录与原始凭证、记账凭证的时间、凭证字号、内容、金额是否一致，记账方向是否相符。 (　　)

四、编制会计分录，登记银行存款日记账

银行存款日记账期初余额为88 000元。

1. 3月3日，销售丙产品售价50 000元，增值税6 500元，收到支票58 000元存入银行。

2. 3月6日，购进原材料一批，取得的专用发票上记载的货款为30 000元，增值税3 900元，全部款项已用银行存款支付，材料运到并验收入库。

3. 3月18日，接受兴盛公司投资500 000元，存入银行。

4. 3月19日，从银行提取现金3 000元，备用。

5. 3月22日，取得短期借款60 000元，存入银行。

表 7－17　　　　银行存款日记账

××年		凭证编号	摘要	借方										√	贷方										借或贷	余额									
月	日			千	百	十	万	千	百	十	元	角	分		千	百	十	万	千	百	十	元	角	分		千	百	十	万	千	百	十	元	角	分

单元检测 2

一、单项选择题

1. 登记账簿的依据是（　　）。

A. 经济合同　　B. 会计分录

C. 记账凭证　　D. 有关文件

2. 若记账凭证上的会计科目和应借应贷方向未错，但所记金额大于应记金额，并据以登记入账，应采用的更正方法是（　　）。

A. 划线更正法　　B. 红字更正法

C. 补充登记法　　D. 编制相反分录冲减

3. 会计人员在结账前发现，根据记账凭证登记入账时误将 600 元写成 6 000 元，而记账凭证无误，应采用的更正方法是（　　）。

A. 补充登记法　　B. 划线更正法

C. 红字更正法　　D. 横线登记法

4. 我国现行采用的现金日记账和银行存款日记账属于（　　）。

A. 普通日记账　　B. 特种日记账

C. 分录日记账　　D. 转账日记账

5. 现金和银行存款日记账，根据有关凭证（　　）。

A. 逐日逐笔登记　　B. 逐日汇总登记

C. 定期汇总登记　　D. 一次汇总登记

二、多项选择题

1. 下列关于结账方法的说法中，正确的有（　　）。
   A. 不需按月结计本期发生额的账户，每次记账以后，都要随时结出余额
   B. 库存现金、银行存款日记账和需要按月结计发生额的收入、费用等明细账，每月结账时，要结出本月发生额和余额
   C. 需要结计本年累计发生额的某些明细账户，每月结账时，应在“本月合计”行下结出自年初起至本月末止的累计发生额
   D. 总账账户平时只需要结出月末余额
2. 下列属于序时账的有（　　）。
   A. 普通日记账　　B. 银行存款日记账
   C. 明细分类账　　D. 库存现金日记账
3. 登记现金日记账收入栏的依据有（　　）。
   A. 累计凭证
   B. 现金收款凭证
   C. 转账凭证
   D. 银行存款付款凭证
4. 任何会计主体都必须设置的账簿有（　　）。
   A. 日记账　　B. 备查账
   C. 总分类账　　D. 明细分类账
5. 下列适用多栏式明细账的有（　　）。
   A. 生产成本　　B. 制造费用
   C. 材料采购　　D. 应付账款
6. 在账簿记录中，红笔只能用于（　　）。
   A. 错误更正　　B. 冲账
   C. 结账　　D. 登账

三、判断题

1. 对需要按月进行月结的账簿，结账时，应在“本月合计“字样下面通栏划单红线，而不是双红线（　）。
2. 所有总分类账的外表形式都必须采用订本式。（　）
3. 为保持账簿记录的持久性，防止涂改，记账时必须使用蓝黑墨水或碳素墨水，并用钢笔书写，不得使用铅笔或圆珠笔书写。（　）
4. 会计账簿是连接会计凭证与会计报表的中间环节，在会计核算中具有承前启后的作用，是编制会计报表的基础。（　）
5. 多栏式明细账一般适用于资产类账户。（　）
6. 三栏式账簿是指具有日期、摘要、金额三个栏目格式的账簿。（　）

四、编制会计分录，登记制造费用明细账。

1. 4 月 3 日，车间购买办公用品支付现金 860 元。

2. 4 月 8 日，车间领用乙材料 35 000 元。

3. 4 月 12 日，计提车间管理人员工资 8 800 元。

4. 4 月 19 日，以银行存款 4 800 元支付车间水电费。

5. 4 月 30 日，车间计提固定资产折旧 52 000 元。

6. 4 月 30 日，按生产工时分配本月制造费用。甲产品 15 000 工时，乙产品 5 000 工时。

制造费用 明细分类账

××年		凭证编号	摘要	借方																																																						贷方									余额								
				办公费									工资福利费									折旧费									水电费									其他									合计																										
月	日			百	十	万	千	百	十	元	角	分	百	十	万	千	百	十	元	角	分	百	十	万	千	百	十	元	角	分	百	十	万	千	百	十	元	角	分	百	十	万	千	百	十	元	角	分	百	十	万	千	百	十	元	角	分	百	十	万	千	百	十	元	角	分	百	十	万	千	百	十	元	角	分

第八单元 Chapter 8

财 产 清 查

第一节　财产清查的含义及种类

单项选择题

1. 财产清查的目的是达到（　　）。
   A. 账账相符　　B. 账证相符
   C. 账实相符　　D. 账表相符
2. 出纳员每日业务终了对库存现金进行清点属于（　　）。
   A. 局部清查和不定期清查　　B. 全面清查和定期清查
   C. 局部清查和定期清查　　D. 全面清查和不定期清查
3. 某企业仓库被盗，为查明损失立即进行盘点，这种财产清查，按清查的时间分，应属于（　　）。
   A. 全面清查　　B. 局部清查
   C. 定期清查　　D. 不定期清查
4. 加强财产清查工作，充分发挥会计监督作用的重要意义不应包括（　　）。
   A. 通过财产清查，可以保护财产的安全完整
   B. 通过财产清查，确保会计核算资料的真实可靠
   C. 通过财产清查，可以防止和打击各种腐败行为，维护国家财产不受侵犯
   D. 通过财产清查，可以挖掘财产物资潜力，促进财产物资的有效使用
5. 定期清查一般是在（　　）进行。
   A. 结账时　　B. 结账前
   C. 结账后　　D. 对账中
6. 以下情况中，宜采用局部清查的是（　　）。
   A. 年终决算前进行的清查　　B. 企业清产核资时进行的清查
   C. 企业更换财产保管人员时的清查　　D. 企业改组为股份制试点企业进行清查

多项选择题

1. 全面清查，一般是在（　　　　）时进行。

A. 年终
B. 冬季
C. 月终
D. 单位撤销、合并或改变隶属关系
E. 一次性清产核资

2. 不定期清查，一般在（　　　　）时进行。

A. 年终
B. 财产保管员变动
C. 企业财产被盗
D. 自然灾害造成部分财产损失
E. 部分财产霉变

3. 下列关于财产全面清查特点的表述中，正确的有（　　　　）。

A. 清查的范围广
B. 清查的内容多
C. 清查的时间长
D. 清查的花费大

4. 一般而言，以下情况中，需要进行财产全面清查的有（　　　　）。

A. 单位主要负责人调离工作
B. 单位撤销、分立
C. 单位改变隶属关系
D. 开展清查核资

5. 下列各项中，进行局部财产清查正确的做法包括（　　　　）。

A. 库存现金每月应至少清点一次
B. 银行存款每月同银行核对一次
C. 贵重物品每月应清查盘点一次
D. 往来款每年至少核对一至两次

6. 属于不定期清查情况的有（　　　　）。

A. 上级部门来进行会计检查
B. 临时性的清产核资
C. 审计、银行来进行检查
D. 财税部门来检查

判断题

1. 从财产清查的对象和范围看，年终决算前对企业财产物资所进行的清查一般属于全面清查。（　　）

2. 在财产清查中，如出现账存数小于实存数，则表明该财产盘亏。（　　）

3. 财产清查是企业一项重要的管理制度，但不是会计核算的一种专门方法。（　　）

4. 定期财产清查一般在结账以后进行。（　　）

5. 财产清查是指通过对货币资金、实物资产和往来款项的盘点和核对，确定其实存数，并查明账存数与实存数是否相符的一种专门方法。（　　）

6. 财产清查时应本着先认定质量，后查清数量、核对有关账簿记录等原则进行。（　　）

7. 企业财产的全面清查必须定期进行，局部清查则根据需要不定期进行。（　　）

第二节　财产清查的方法

单项选择题

1. 盘存制度是指（　　）。

A. 权责发生制　　B. 收付实现制

C. 永续盘存制、实地盘存制　　D. 应计制、现金制

2. 库存现金清查应采用的方法是（　　）。

A. 核对　　B. 查询

C. 实地盘点　　D. 技术推算

3. 财产物资的盘盈是指（　　）。

A. 账存数大于实存数　　B. 实存数大于账存数

C. 由于记账差错多记的金额　　D. 由于记账差错少记的金额

4. 对于银行已入账而企业未入账的未达账项，企业应当（　　）。

A. 根据“银行对账单”记录的余额入账

B. 根据对账单和调节表自制凭证入账

C. 在编制“银行存款余额调节表”时入账

D. 待有关凭证送达后入账

5. 企业银行存款日记账与银行对账单的核对，属于（　　）。

A. 账实核对　　B. 账证核对

C. 账账核对　　D. 账表核对

6. 在记账无误的情况下，银行对账单与企业银行存款日记账账面余额不一致是（　　）。

A. 由应付账款造成的　　B. 由未达账项造成的

C. 由坏账损失造成的　　D. 由应收账款造成的

7. 产生未达账项的原因是（　　）。

A. 双方结账时间不一致　　B. 双方记账时间不一致

C. 双方对账时间不一致　　D. 双方记账金额不一致

8. 采用实地存盘制，平时对财产物资（　　）。

A. 只登记收入数，不登记发出数　　B. 只登记发出数，不登记收入数

C. 先登记收入数，后登记发出数　　D. 先登记发出数，后登记收入数

9. 技术推算盘点法通常用于（　　）的盘点。

A. 固定资产　　B. 流动资产

C. 库存现金　　D. 大量成堆、难以逐一清点的材料

10. 企业银行账与其开户银行进行核对时，通过编制“银行存款余额调节表”，假如在双方记账都不发生错误的前提下，调整后的存款余额（　　）。

A. 应该不等　　B. 应该相等

C. 应该企业小于银行　　D. 应该企业大于银行

11. 对库存现金清查所采用的基本方法是（　　）。

A. 估算法　　B. 推算法

C. 实地盘点法　　D. 抽样盘点法

12. 结算往来款项的清查一般采用（　　）。

A. 实地盘点法　　B. 估算法

C. 函证核对法　　D. 对账单法

13. 对银行存款的清查所采用的方法一般是（　　）。

A. 实地盘点法　　B. 对账单法
C. 推算法　　D. 测量计量法

14. 在实地盘存制下，平时在账簿中对财产物资（　　）。
A. 只记减少数，不记增加数　　B. 只记增加数，不记减少数
C. 同时记增加和减少数　　D. 先记增加数，后记减少数

15. “未达账项”是指单位与银行之间由于结算凭证传递的时间不同而造成的（　　）。
A. 一方重复记账的账项
B. 双方登记金额不一致的账项
C. 双方均尚未入账的账项
D. 一方已经入账，而另一方尚未登记入账的账项

16. 月末存在未达账项时，企业实际可动用的银行存款数额是（　　）。
A. 企业银行存款日记账上的余额
B. 银行对账单上的存款余额
C. 银行存款余额调节表中调整后的存款余额
D. 以上三项都不是

17. 企业财产清查后，据以填制待处理财产盘盈、盘亏记账凭证的原始凭证是（　　）。
A. 材料物资入库单　　B. 材料物资出库单
C. 盘点单　　D. 实存账存对比表

多项选择题

1. 与外单位核对账目的方法适用于（　　）。
A. 库存现金的清查　　B. 银行存款的清查
C. 往来款项的清查　　D. 材料的清查
E. 固定资产的清查

2. 往来账款清查的步骤主要包括（　　）。
A. 将本单位的往来账款核对清楚，确认总分类账与明细分类账的余额相等
B. 向对方单位填发对账单
C. 收到对方单位的回单联后，应据以编制“往来款项清查表”
D. 在“往来款项清查表”上注明核对相符或不符的款项

3. 对银行存款进行清查的方法是将企业银行存款日记账与银行对账单相核对，如果两者不符，下列各项中，可能属于不符原因的有（　　）。
A. 企业财务记录有误　　B. 银行账务记录有误
C. 企业已记账，银行未记账　　D. 银行已记账，企业未记账

4. 下列关于往来款项清查的表述中，正确的有（　　）。
A. 往来款项的清查主要是对应收款、应付款、暂收款等款项的清查
B. 往来款项的清查一般采用向对方单位发函询证的方法进行核对
C. 在保证往来款项账户记录完整正确的基础上向对方单位填发对账单
D. 收到对方单位回单后，应据此编制调整有关往来款项账户记录

5. 月末银行存款日记账与银行对账单不一致，造成企业账面余额大于银行对账单存款余额的原因有（　　）。

A. 企业已收款入账，而银行尚未入账　　B. 企业已付款入账，而银行尚未入账

C. 银行已收款入账，而企业尚未入账　　D. 银行已付款入账，而企业尚未入账

6. 财产物资的盘存制度有（　　）。

A. 永续盘存制　　B. 实地盘存制

C. 权责发生制　　D. 收付实现制

E. 收入与发出相配比

7. 未达账项有以下几种情况（　　）。

A. 银行已记存款减少，本单位尚未记账　B. 银行已记存款增加，本单位尚未记账

C. 本单位已记存款减少，银行尚未记账　D. 本单位已记存款增加，银行尚未记账

E. 双方都尚未记账

8. 下列各项目中，对永续盘存制表述正确的有（　　）。

A. 账面随时反映财产物资的收入、发出和结余数额

B. 各项财产物资的增加数和减少数，平时要根据会计凭证登记账簿

C. 平时在账簿中只登记财产物资的增加数，不登记减少数

D. 财产物资品种繁杂的企业，其明细分类核算工作量较大

判断题

1. 银行存款的清查，主要是将银行存款日记账与总账进行核对。（　　）

2. 未达账项是造成企业银行存款日记账与银行对账单余额不等的唯一原因。（　　）

3. 月末企业银行存款的实有余额为银行对账单余额加上企业已收、银行未收款项，减去企业已付、银行未付的款项。（　　）

4. 产生未达账项的原因是记账错误，应采用适当的方法予以纠正。（　　）

5. 在采用“永续盘存制”下，还需要再对各项财产物资进行盘点。（　　）

6. 企业与其开户银行对账时所编制的“银行存款余额调节表”是企业发现该存款账实不符时进行会计核算的原始凭证。（　　）

7. 在进行实物清查时，实物保管人员与清查人员必须同时在场。（　　）

8. 货币资金的清查均应采用实地盘点法进行。（　　）

9. 银行存款日记账和银行对账单都正确时，二者的余额仍然有可能不一致。（　　）

10. 技术推算法是按照一定标准推算出实物资产实有数的一种方法。（　　）

实训题

实训 8－1

【目的】练习编制银行存款余额调节表

【资料】11 月 30 日。企业银行存款日记账余额 70 000 元，银行对账单存款余额 84 000

元。该企业11月3日将企业银行存款日记账记录与银行送来的对账单核对以后，发现双方下列各项记录不符：

（1）银行代企业付水费2 000元，企业尚未记账。

（2）银行为企业代收销货款26 000元，企业尚未记账。

（3）银行代付电费500元，企业尚未记账。

（4）企业开出现金支票预付差旅费600元，持票人尚未到银行提取现金。

（5）企业开出转账支票2 500元支付培训费，银行尚未记账。

（6）企业收到转账支票12 600元，已入账，尚未将支票送存银行。

【要求】 根据以上资料，编制银行存款余额调节表，并确定企业11月30日银行存款的实际结存额。

银行存款余额调节表

年　月　日　　　　单位：元

项　目	金　额	项　目	金　额
银行存款日记账余额 加：银行已记增加，企业未记增加的账项 减：银行已记减少，企业未记减少的账项		银行对账单余额 加：企业已记增加，银行未记增加的账项 减：企业已记减少，银行未记减少的账项	
调节以后的存款余额		调节以后的存款余额	

第三节　财产清查结果的处理

单项选择题

1. 财产清查中发现某种材料盘亏时，在报经批准处理以前应做账务处理为（　　）。

A. 借：管理费用
　　贷：待处理财产损溢

B. 借：原材料
　　贷：待处理财产损溢

C. 借：待处理财产损溢
　　贷：管理费用

D. 借：待处理财产损溢
　　贷：原材料

2. 对财产清查中发现的财产物资盘亏，若属于定额内的自然损耗，应按规定转作（　　）

A. 管理费用　　B. 营业外支出

C. 生产成本　　D. 其他应收款

3. “待处理财产损溢”是一个（　　）。

A. 调整账户　　B. 双重性质账户

C. 资产类账户　　D. 负债类账户

4. 存货毁损属于应由保险公司赔偿部分，应记入（　　）账户。

A. “管理费用”　　B. “营业外支出”

C. “生产成本”

D. “其他应收款”

5. 企业因自然灾害造成固定资产盘亏，经过批准核销时，应借记（　　）账户。

A. “固定资产”

B. “待处理财产损溢”

C. “营业外支出”

D. “管理费用”

6. 企业发生的盘盈盘亏事项经批准处理后，“待处理财产损溢”账户（　　）。

A. 可能有借方余额

B. 可能有贷方余额

C. 无余额

D. 以上都不对

7. 存货盘盈经批准处理后所做账务处理的贷方账户是（　　）。

A. “营业外支出”

B. “管理费用”

C. “待处理财产损溢”

D. “营业外收入”

8. 现金盘亏后，能确定责任人由过失人赔偿的部分，经批准后计入（　　）。

A. 其他应收款

B. 管理费用

C. 营业外支出

D. 财务费用

多项选择题

1. 对于盘亏的存货，如属自然损耗或某过失人应赔偿的超定额短缺，经批准，应分别列入（　　）账户。

A. “管理费用”

B. “营业外支出”

C. “财产费用”

D. “其他应收款”

E. “营业费用”

2. 下列各项业务中，应通过“营业外收入”账户核算的有（　　）。

A. 存货盘盈

B. 转销无法偿付的应付账款

C. 无法查明原因的现金溢余

D. 固定资产盘盈

3. “待处理财产损溢”账户借方发生额登记的内容有（　　）。

A. 发生的待处理财产物资盘盈净值

B. 发生的待处理财产物资盘亏损失

C. 结转已批准处理的财产物资盘盈数

D. 结转已批准处理的财产物资盘亏数

4. 在“待处理财产损溢”账户贷方登记的有（　　）。

A. 等待批准处理的财产盘亏、毁损

B. 经批准转销的财产盘亏、毁损

C. 等待批准处理的财产盘盈

D. 经批准转销的财产盘盈

5. 企业下列（　　）会影响管理费用。

A. 企业盘点库存现金，发生库存现金的盘亏

B. 存货盘点，发现存货盘亏，由管理不善造成的

C. 固定资产盘点，发现固定资产盘亏，盘亏的净损失

D. 库存现金盘点，发现无法查明原因的现金溢余

6. 与“待处理财产损溢”账户借方发生对应关系的账户可能有（　　）。

A. “原材料”

B. “固定资产”

C. “应收账款”

D. “营业外收入”

7. 某企业在财产清查中，发现短缺设备一台。账面原值 30 000 元，已计提折旧 10 000

元，在报经批准前，编制会计分录的借方为（　　）。

A. “待处理财产损溢” 30 000 元　　B. “营业外支出” 20 000 元

C. “累计折旧” 10 000 元　　D. “待处理财产损溢” 20 000 元

判断题

1. 月末应根据“银行存款余额调节表”中调整后的余额进行账务处理，使企业银行存款账的余额与调整后的余额一致。（　　）

2. 对盘盈的存货，应于批准后计入营业外支出。（　　）

3. 对盘亏存货的净损失，属于一般营业损失部分经批准应计入管理费用。（　　）

4. 库存现金清查中，对无法查明原因的长款，经批准应记入“资本公积”。（　　）

5. 企业的财产清查无论什么情况，均应先通过“待处理财产损溢”账户核算。（　　）

6. 对于盘盈或盘亏的财产物资，需在期末结账前处理完毕，如在期末结账前尚未经批准处理的，待批准后进行处理。（　　）

7. 对于财产清查结果的账务处理一般分两步进行，即审批前先调整有关账面记录，审批后转入有关账户。（　　）

8. 企业盘亏的固定资产应通过“固定资产清理”账户核算。（　　）

9. 单位财产清查中查明的固定资产盘盈，应计入营业外收入。（　　）

10. 因平时计量误差所导致的存货盘盈，经批准后应冲减管理费用。（　　）

实训题

实训 8 -2

【目的】练习存货、固定资产清查结果的账务处理。

【资料】某企业 6 月 30 日对存货和固定资产清查发现有关情况如下：

1. 库存 A 产品账面结存数量 2 000 件，单位成本 35 元，金额 70 000 元。实存 1 985 件，盘亏 15 件，价值 525 元。经查明系保管人员过失所致，经批准责令赔偿。

2. 甲材料账面结存数量 250 千克，每千克 20 元，金额 5 000 元，全部毁损，作为废料处理，计价 100 元。经查明是由于自然灾害所致，其损失经批准作为非常损失处理。

3. 盘亏车床一台，账面原价 8 000 元，已提折旧 5 600 元。经批准同意转销处理。

4. 乙材料账面结存数量 120 吨，每吨成本 100 元，价值 12 000 元，实存 118 吨，盘亏 2 吨，价值 200 元。经查明属于定额内损耗，经批准转销处理。

5. 丙材料账面结存数量 300 千克，每千克 10 元，价值 3 000 元；实存 310 千克，盘盈 10 千克，价值 100 元。经查明为收发计量差错原因造成，经批准转销处理。

【要求】根据以上资料，编制存货和固定资产清查结果审批前后的会计分录。

单元检测 1

一、单项选择题

1. 企业在编制年度财务会计报告前，应当进行财产清查。下列关于该财产清查类别的表述中，正确的是（　　）。

A. 局部清查　　B. 部分清查
C. 局部抽查　　D. 全面清查

2. 某企业在遭受洪灾后，对其受损的财产物资进行的清查，属于（　　）。

A. 局部清查和定期清查　　B. 全面清查和定期清查
C. 局部清查和不定期清查　　D. 全面清查和不定期清查

3. 出纳人员发生变动时，应对其保管的库存现金进行清查，这种财产清查属于(　　)。

A. 全面清查和定期清查　　B. 局部清查和不定期清查
C. 局部清查和定期清查　　D. 全面清查和不定期清查

4. 在会计核算工作中，已经确保账簿记录正确无误后，仍不能完全保证账簿记录结果的真实性，其主要原因是常常会存在（　　）。

A. 计算错误　　B. 记账错误
C. 账实不符　　D. 以上答案均正确

5. 通过设置存货明细分类账，根据会计凭证在有关账簿中进行连续登记，并随时结出账面余额的盘存制度是（　　）。

A. 永续盘存制　　B. 以存计耗制
C. 实地盘存制　　D. 权责发生制

6. 对银行存款进行清查时，应将（　　）与银行对账单逐笔核对。

A. 银行存款总账　　B. 银行存款日记账
C. 银行支票备查簿　　D. 库存现金日记账

7. 在企业与银行双方记账无误的情况下银行存款日记账与银行对账单余额不一致是由于有（　　）存在。

A. 应收账款　　B. 应付账款
C. 未达账项　　D. 其他货币资金

8. 在各种实物的清查过程中，(　　）必须在场参加盘点，但不宜单独承担财产清查工作。

A. 单位行政领导人　　B. 会计主管人员
C. 出纳人员　　D. 实物保管人员

9. 库存现金的盘亏，无法查明原因的应记入（　　）。

A. “管理费用”　　B. “营业外支出”
C. “其他应收款”　　D. “待处理财产损溢”

10. 库存现金清查中，对无法查明原因的长款，经批准应记入（　　）。

A. “其他应收款”　　B. “其他应付款”

C. “营业外收入”　　D. “管理费用”

二、多项选择题

1. 现金出纳每天工作结束前都要将库存现金日记账结清并与库存现金实存数核对，这属于（　　）。

A. 定期清查　　B. 不定期清查

C. 全面清查　　D. 局部清查

2. 以下情形中，应该对财产进行不定期清查的有（　　）。

A. 发现库存现金被盗　　B. 与其他企业合并

C. 年终决算时　　D. 自然灾害造成部分财产损失

3. 编制“银行存款余额调节表”时，应调整该表中“企业账面存款余额”项目的未达账项有（　　）。

A. 银行已收，企业未收　　B. 银行已付，企业未付

C. 企业已收，银行未收　　D. 企业已付，银行未付

4. 对银行存款进行清查的方法是将企业银行存款日记账与银行对账单相核对，如果两者不符，下列各项中，可能属于不符原因的有（　　）。

A. 企业财务记录有误　　B. 银行账务记录有误

C. 企业已记账，银行未记账　　D. 银行已记账，企业未记账

5. 下列关于往来款项清查的表述中，正确的有（　　）。

A. 往来款项的清查主要是对应收款、应付款、暂收款等款项的清查

B. 往来款项的清查一般采用向对方单位发函询证的方法进行核对

C. 在保证往来款项账户记录完整正确的基础上向对方单位填发对账单

D. 收到对方往来单位回单后，应据此编制调整有关往来款项账户记录

6. 与“待处理财产损溢”账户借方发生对应关系的账户可能有（　　）。

A. “原材料”　　B. “固定资产”

C. “应收账款”　　D. “营业外收入”

7. 某企业在财产清查中，发现短缺设备一台。账面原值 30 000 元，已计提折旧 10 000 元，假设不考虑相关税费，在报经批准后，确定应由保管人员赔偿 1 000 元，则应编制的会计分录的借方为（　　）。

A. “待处理财产损溢”30 000 元　　B. “待处理财产损溢”20 000 元

C. “其他应收款”10 000 元　　D. “营业外支出”19 000 元

8. 下列可作为原始凭证，据以调整账簿记录的有（　　）。

A. 现金盘点报告表　　B. 银行存款余额调节表

C. 盘存单　　D. 实存账存对比表

9. 下列业务中，需要通过“待处理财产损溢”账户核算的有（　　）。

A. 库存现金的短缺　　B. 存货的盘亏或毁损

C. 无法收回的应收账款　　D. 固定资产的清理

10. 财产清查发现盘亏后毁损后，可能列入的账户有（　　）。

A. 管理费用　　B. 营业外收入

C. 营业外支出　　　　　　　　　　　　D. 其他应收款

三、判断题

1. 通过财产清查可以做到账证相符、账物相符。（　　）
2. 在财产清查中，如出现账存数小于实存数，则表明该财产盘亏。（　　）
3. 财产清查是企业一项重要的管理制度，但不是会计核算的一种专门方法。（　　）
4. 定期财产清查一般在结账以后进行。（　　）
5. 货币资金的清查均应采用实地盘点法进行。（　　）
6. 银行存款日记账和银行对账单都正确时，二者的余额仍然有可能不一致。（　　）
7. 技术推算法是按照一定标准推算出实物资产的实有数的一种方法。（　　）
8. 企业盘亏的固定资产应通过“固定资产清理”账户核算。（　　）
9. 单位财产清查中查明的固定资产盘盈，应计入营业外收入。（　　）
10. 因平时计量误差所导致的存货盘盈，经批准后应冲减管理费用。（　　）

四、实训题

1. 兴业公司 11 月 30 日银行存款日记账为 128 600 元，银行对账单的存款余额数为 141 420 元，经过双方逐笔核对后，发现存在以下未达账项：

（1）公司因购买设备开出 205#转账支票一张，金额为 11 700 元，公司已入账，但持票人尚未到银行办理转账手续。

（2）公司因销售商品收到购货方开来的转账支票一张，金额为 9 360 元，将支票送存银行后公司做收入入账，但是银行尚未办理入账手续。

（3）公司委托银行代收外地销货款 14 040 元，银行已收款入账，但公司尚未收到收款通知。

（4）计算借款利息 3 560 元，银行已支付，但是公司尚未收到付款通知。

【要求】根据上述资料，完成以下“银行存款余额调节表”的编制。

银行存款余额调节表

××年 11 月 30 日　　　　单位：元

项　目	金　额	项　目	金　额
银行存款日记账余额 加：银行已记增加，企业未记增加的账项 减：银行已记减少，企业未记减少的账项		银行对账单余额 加：企业已记增加，银行未记增加的账项 减：企业已记减少，银行未记减少的账项	
调节以后的存款余额		调节以后的存款余额	

2. 乙公司期末财产清查时发生如下情况：

（1）现金盘盈 260 元，原因待查。

（2）盘盈现金无法查明原因，报经有关部门批准后进行会计处理。

（3）盘亏生产设备一台，账面记录原价为 14 000 元，已计提折旧 7 000 元，原因待查。

（4）盘亏的设备应由责任人赔偿 2 000 元，剩余部分作为损失处理，报经有关部门批准后进行会计处理。

（5）企业确实无法收回的应收账款3 600元，经批准作为坏账损失处理。

（6）有证据表明企业无法支付应付账款4 000元，报经有关部门批准后进行会计处理。

【要求】根据上述资料，逐笔编制会计分录。

单元检测2

一、单项选择题

1. 财产物资的盘存制度采用实地盘存制和永续盘存制的根本区别在于（　　）。

A. 本期收入存货数量的确定方法不同　　B. 本期发出存货数量的确定方法不同

C. 期末结存存货数量的确定方法不同　　D. 存货明细分类账簿设置的方法不同

2. 在实际工作中，企业一般以（　　）作为财产物资的盘存制度。

A. 收付实现制　　B. 权责发生制

C. 永续盘存制　　D. 实地盘存制

3. 下列项目会使企业银行存款日记账与银行对账单两者余额不一致的是（　　）。

A. 未达账项　　B. 银行对账单记账有误

C. 企业银行存款日记账记账有误　　D. 以上三项都有可能

4. 单位撤销、合并所进行的财产清查，按时间分类，下列各项中，正确的是（　　）。

A. 全面清查　　B. 局部清查

C. 定期清查　　D. 不定期清查

5. 对企业与其开户银行之间的未达账项，进行账务处理的时间是（　　）。

A. 查明未达账项时　　B. 收到银行对账单时

C. 编好银行存款余额调节表　　D. 实际收到有关结算凭证时

6. 下列各项中，属于库存现金和实物资产的清查都可采用的方法是（　　）。

A. 核对账目法　　B. 技术推算法

C. 实地盘点法　　D. 发函询证法

7. 对盘亏的固定资产净损失，经批准后进行会计处理。下列关于应借记会计账户的表述中，正确的是（　　）。

A. “制造费用”　　B. “生产成本”

C. “营业外支出”　　D. “管理费用”

8. 下列各项中，不能作为原始凭证的是（　　）。

A. 领料单　　B. 发票

C. 银行存款余额调节表　　D. 工资结算汇总表

9. 将财产清查分为定期清查和不定期清查的分类标准是（　　）。

A. 清查范围　　B. 清查人员

C. 清查地点是否固定　　D. 清查时间是否固定

10. 财产清查中有材料的盘亏，经查是由于收发计量误差所致，则清查结果为（　　）。

A. 借“管理费用”　　B. 贷“管理费用”

C. 借“营业外支出”　　D. 贷“营业外收入”

二、多项选择题

1. 下列关于财产全面清查特点的表述中，正确的有（　　）。

A. 清查的范围广　　B. 清查的内容多

C. 清查的时间长　　D. 清查的花费大

2. 现代意义上的财产清查，包括（　　）。

A. 检查资产实存数量　　B. 检查资产质量

C. 测定资产价值量　　D. 测定资产是否减值

3. 下列表述中，正确的有（　　）。

A. 对各项财产物资的增减数都必须根据有关凭证逐笔或逐日登记有关账簿并随时结出账面余额的方法称为永续盘存制

B. 永续盘存制与实地盘存制都是确定各项实物资产账面结存数量的方法

C. 只有在永续盘存制下才可能出现财产的盘盈、盘亏现象

D. 只有在实地盘存制下才可能出现财产的盘盈、盘亏现象

4. 下列关于库存现金清查的表述错误的有（　　）。

A. 出纳人员应该对库存现金进行定期或不定期的专门清查

B. 清查小组对库存现金进行清查时，出纳人员必须在场，现金应逐张查点

C. 盘点完后应编制“库存现金盘点报告表”，并由会计机构负责人和出纳人员共同签章

D. “库存现金盘点报告表”兼有盘存单和实存账存对比表的作用

5. 在下列各项中，会导致企业银行存款日记账余额小于银行对账单余额的事项有（　　）。

A. 企业开出支票，收款方尚未到银行兑现

B. 银行误将其他企业的存款记入本企业存款户

C. 银行代扣本企业水电费，企业尚未接到付款通知

D. 银行收到委托收款结算方式下的结算款项，企业尚未收到收款通知

6. 下列关于“银行存款余额调节表”的表述中，正确的有（　　）。

A. 属于原始凭证

B. 只起对账作用

C. 编制的目的是检查账簿记录的正确性

D. 调整后的余额相等，说明双方记账正确无误

7. 在“待处理财产损溢”账户贷方登记的有（　　）。

A. 等待批准处理的财产盘亏、毁损　　B. 经批准转销的财产盘亏、毁损

C. 等待批准处理的财产盘盈　　D. 经批准转销的财产盘盈

8. 企业下列（　　）会影响管理费用

A. 企业盘点库存现金，发生库存现金的盘亏

B. 存货盘点，发现存货盘亏，由管理不善造成的

C. 固定资产盘点，发现固定资产盘亏，盘亏的净损失

D. 库存现金盘点，发现无法查明原因的现金溢余

9. 下列不属于银行存款清查方法的有（　　）。

A. 定期盘存法　　B. 与往来单位核对账目

C. 实地盘点法　　D. 与银行核对账目法

10. 属于不定期清查情况的有（　　）。

A. 上级来进行会计检查　　B. 临时性的清产核资

C. 审计、银行来进行检查　　D. 财税部门来检查

三、判断题

1. 财产清查是指通过对货币资金、实物资产和往来款项的盘点和核对，确定其实存数，并查明账存数与实存数是否相符的一种专门方法。（　　）

2. 财产清查时应本着先认定质量，后查清数量、核对有关账簿记录等原则进行。（　　）

3. 企业财产的全面清查必须定期进行，局部清查则根据需要不定期进行。（　　）

4. 未达账项只在企业与银行之间发生，企业与其他企业之间不会发生。（　　）

5. 为了确保银行存款账实相符，企业应根据银行存款余额调节表及时登记入账。（　　）

6. 企业破产或被兼并时，需要对企业的部分财产进行重点清查。（　　）

7. 财产清查中，对于银行存款、各种往来款项至少每月与银行或有关单位核对一次。（　　）

8. 某企业进行财产清查时，发现盘亏设备一台，其账面原价为 50 000 元，已提折旧 15 000 元，应编制会计分录：借：待处理财产损溢 35 000 元；贷：固定资产 35 000 元。（　　）

9. 盘盈固定资产的入账价值应是其净值。（　　）

10. 存货清查过程中发现的存货超定额损耗应记入“营业外支出”账户核算。（　　）

四、实训题

1. 海华公司 6 月 30 日收到的银行对账单的存款余额为 67 000 元，与银行存款日记账余额不符。经核对，公司与银行均无记账错误，但是发现有下列未达账款，资料如下：

（1）6 月 28 日，海华公司开出一张金额为 15 800 元的转账支票用以支付供货方货款，但供货方尚未持该支票到银行兑现。

（2）6 月 29 日，海华公司送存银行的某客户转账支票 4 200 元，因对方存款不足而被退票，而公司未接到通知。

（3）6 月 30 日，海华公司当月的水电费用 1 300 元银行已代为支付，但公司未接到付款通知而尚未入账。

（4）6 月 30 日，银行计算应付给海华公司的存款利息 360 元，银行已入账，而公司尚未收到收款通知。

（5）6 月 30 日，海华公司委托银行代收的款项 11 000 元，银行已转入公司的存款户，但公司尚未收到通知入账。

（6）6 月 30 日，海华公司收到购货方转账支票一张，金额为 7 900 元，已经送存银行，但银行尚未入账。

【要求】 编制公司的银行存款余额调节表。

银行存款余额调节表

× ×年 6 月 30 日　　单位：元

项　目	金　额	项　目	金　额
银行存款日记账余额 加：银行已记增加，企业未记增加的账项 减：银行已记减少，企业未记减少的账项		银行对账单余额 加：企业已记增加，银行未记增加的账项 减：企业已记减少，银行未记减少的账项	
调节以后的存款余额		调节以后的存款余额	

2. 甲公司期末财产清查时发生如下情况：

（1）现金盘盈 659 元，原因待查。

（2）盘盈现金无法查明原因，报经有关部门批准后进行会计处理。

（3）盘亏生产设备一台，账面记录原价为 21 200 元，已计提折旧 16 960 元，原因待查。

（4）经有关部门批准，该设备盘亏全部由公司承担。

（5）无法收回的应收账款 3 800 元，确认为坏账损失。

【要求】 根据上述资料，逐笔编制会计分录。

第九单元 *Chapter 9*

编制财务会计报告

第一节 编制财务会计报告的意义

单项选择题

1. 下列会计报表中属于月报的是（　　）。
   A. 资产负债表　　B. 利润表
   C. 现金流量表　　D. 资产负债表和利润表
2. 下列不属于对外会计报表的是（　　）。
   A. 现金流量表　　B. 产品生产成本表
   C. 资产负债表　　D. 利润表
3. 资产负债表，反映企业在（　　）财务状况的报表。
   A. 一定期间　　B. 某一特定日期
   C. 某一特定期间　　D. 某一会计期间
4. 反映某一特定期间财务成果的报表是（　　）。
   A. 资产负债表　　B. 利润表
   C. 产品成本表　　D. 现金流量表
5. 下列各项中，属于对会计报表的编制基础、编制依据、编制原则和方法及主要项目等所作解释的是（　　）。
   A. 管理层讨论与分析　　B. 董事会报告
   C. 会计报表附注　　D. 财务情况说明书
6. 下列关于财务报表的表述中，正确的是（　　）。
   A. 资产负债表中确认的资产为企业所拥有的资产
   B. 资产负债表中的各报表项目均按有关账户期末余额直接填列
   C. 利润表是指反映企业在某一特定日期经营成果的会计报表
   D. 并非所有的企业均须编制现金流量表

多项选择题

1. 企业对外报送的会计报表主要包括（　　　）。

A. 资产负债表
B. 利润表
C. 现金流量表
D. 利润分配表

2. 财务会计报告的编制要求有（　　）。

A. 数字真实
B. 内容完整
C. 计算准确
D. 编报及时

3. 下列项目中，属于财务会计报告目标的主要内容有（　　）。

A. 向财务会计报告使用者提供与企业财务状况有关的会计信息
B. 向财务会计报告使用者提供与企业经营成果有关的会计信息
C. 反映企业管理层受托责任履行情况
D. 反映国家宏观经济管理的需要

4. 企业年度、半年度财务报表应当包括（　　）。

A. 资产负债表和利润表
B. 会计账簿
C. 会计报表附注
D. 现金流量表

5. 下列会计报表中，属于中期会计报表的有（　　）。

A. 月度会计报表
B. 季度会计报表
C. 半年度会计报表
D. 年度会计报表

判断题

1. 为了及时编制会计报表，企业单位可以提前结账。（　）
2. 资产负债表是反映企业在一定时期内财务状况变动情况的报表。（　）
3. 会计报表是根据总分类账、明细分类账和日记账的记录定期编制的。（　）
4. 为了编报及时，所以会计人员可以提前对公司账簿进行结账。（　）
5. 会计报表是根据账簿资料和原始凭证定期编制，总括反映某一特定会计主体的财务状况、经营成果和现金流量情况的书面文件。（　）
6. 年度、半年度、季度的企业财务报表包括会计报表、会计报表附注。（　）

第二节　会计报表的结构和内容

单项选择题

1. 下列属于静态报表的是（　）。

A. 现金流量表
B. 利润表
C. 资产负债表
D. 商品产品成本表

2. 资产负债表内各项目分类与排列的依据是（　）。

A. 项目内容的经济性质
B. 项目内容的流动性
C. 项目金额的大小
D. 项目内容的经济性质和流动性

3. 关于资产负债表的格式，下列各项表述中不正确的是（　　）。
   A. 我国企业的资产负债表采用报告式结构
   B. 资产负债表左方为资产项目，按资产的流动性大小排列
   C. 资产负债表右方为负债和所有者权益项目，按求偿权先后顺序排列
   D. 资产负债表的平衡等式是："资产 = 负债 + 所有者权益"
4. 我国企业的资产负债表是采用（　　）结构，分左右两方。
   A. 借贷式　　B. 账户式
   C. 表结式　　D. 收付式
5. 资产负债表中所有者权益各项目自上而下的排列顺序是（　　）。
   A. 盈余公积、资本公积、未分配利润、实收资本
   B. 资本公积、实收资本、盈余公积、未分配利润
   C. 盈余公积、未分配利润、实收资本
   D. 实收资本、资本公积、盈余公积、未分配利润
6. 资产负债表中，负债项目按（　　）排列。
   A. 项目的重要性程度　　B. 项目的金额大小
   C. 项目的支付性大小　　D. 清偿债务的先后

多项选择题

1. 利润表是属于（　　　）。
   A. 静态报表　　B. 动态报表
   C. 反映一定期间经营成果的报表　　D. 反映财务状况的报表
2. 下列资产负债表中的部分项目，属于所有者权益的有（　　　）。
   A. 实收资本　　B. 资本公积
   C. 未分配利润　　D. 未付利润
3. 下列关于利润表的说法中，正确的有（　　　）。
   A. 利润表又称损益表
   B. 利润表由表头、表身和表尾等部分组成
   C. 利润表的格式主要有单步式和多步式两种
   D. 我国利润表多采用多步式结构
4. 我国企业利润表多采用多步式，其分步计算的指标有（　　　）。
   A. 营业收入　　B. 营业利润
   C. 利润总额　　D. 净利润
5. 下列项目中，列示在资产负债表右方的有（　　　）。
   A. 非流动资产　　B. 非流动负债
   C. 流动负债　　D. 所有者权益
6. 资产负债表左方反映的经济内容有（　　　）。
   A. 流动负债　　B. 流动资产
   C. 长期投资　　D. 无形资产及其他资产

判断题

1. 资产负债表是属于静态报表。 ( )
2. 利润表能反映出企业的偿债能力和支付能力。 ( )
3. 通过利润表，可以帮助报表使用者全面了解企业的财务状况，分析企业的债务偿还能力，从而为未来的经济决策提供参考信息。 ( )
4. 通过资产负债表，可以了解单位某一特定日期的权益结构。 ( )
5. 资产负债表和利润表是静态报表，现金流量表是动态报表。 ( )
6. 资产负债表是时点报表，利润表是时期报表，前者主要反映一个企业的财务状况及偿债能力，后者主要反映企业的获利能力。 ( )

第三节　会计报表的编制

单项选择题

1. 下列资产负债表项目可根据总账余额直接填列的是（　　）。

A. 货币资金　　B. 存货
C. 短期借款　　D. 未分配利润

2. 下列资产负债表项目，需根据明细账户余额计算填列的是（　　）。

A. 短期投资　　B. 货币资金
C. 应付账款　　D. 累计折旧

3. 会计报表编制的依据是（　　）。

A. 原始凭证　　B. 记账凭证
C. 账簿记录　　D. 汇总记账凭证

4. 资产负债表中的应收账款项目，应根据（　　）填列。

A. “应收账款”总账账户的期末余额
B. “应收账款”总账账户的所属明细账户的期末余额
C. “应收账款”和“应付账款”总账账户的所属明细账户的本期借方余额的合计数
D. “应收账款”和“预收账款”总账账户的所属明细账户的本期借方余额的合计数

5. 某企业 12 月 31 日固定资产账户余额为 3 000 万元，累计折旧余额为 900 万元，固定资产减值准备账户余额为 100 万元，工程物资账户余额为 200 万元。该企业 12 月 31 日资产负债表“固定资产”项目的金额应为（　　）万元。

A. 3 200　　B. 3 000
C. 2 200　　D. 2 000

6. 某企业“原材料”期末余额 100 000 元，“生产成本”期末余额 50 000 元，“库存商品”期末余额 120 000 元，“存货跌价准备”期末余额 10 000 元。则资产负债表“存货”项目应填列的是（ ）元。

A. 300 000　　B. 260 000

C. 280 000　　D. 270 000

7. G公司1月份利润表“本期金额”栏有关数字如下：营业利润32 000元，营业外收入5 000元，营业外支出50 000元。G公司1月份利润总额为（ ）。

A. －32 000　　B. 32 000

C. 13 000　　D. －13 000

多项选择题

1. 下列各项目中，根据有关账户的期末余额直接填列资产负债表的有（ ）。

A. 应收账款　　B. 应付职工薪酬

C. 应付票据　　D. 应收票据

2. 填列资产负债表期末数，可以分别采用的具体方法有（ ）。

A. 根据总账科目的期末余额直接填列　　B. 根据明细科目的余额直接填列

C. 根据若干总账项目的期末余额计算填列　　D. 根据若干明细科目的期末余额计算填列

3. 登记总账的依据可以是（ ）。

A. 原始凭证　　B. 汇总原始凭证

C. 记账凭证　　D. 汇总记账凭证

E. 科目汇总表

4. 下列资产负债表项目中，需根据账户余额减去其备抵项目后的净额填列的有（ ）。

A. 货币资金　　B. 存货

C. 应收票据　　D. 短期投资

E. 应收账款

5. 下列资产负债表项目中，可根据有关总账账户余额直接填列的有（ ）。

A. 应收股利　　B. 应收账款

C. 应收票据　　D. 短期借款

E. 应付账款

6. 下列等式中，正确的有（ ）。

A. 营业利润＝营业收入－营业成本－税金及附加－期间费用－资产减值损失＋公允价值变动收益（－公允价值变动损失）＋投资收益（－投资损失）

B. 期间费用＝管理费用＋销售费用＋财务费用

C. 利润总额＝营业利润＋营业外收入－营业外支出

D. 净利润＝利润总额－所得税费用

7. 资产负债表“期末数”的填列方法有（ ）。

A. 根据总账余额直接填列　　B. 根据总账余额计算填列

C. 根据明细账余额直接填列　　D. 根据明细账余额计算填列

判断题

1. 资产负债表中的“在建工程”项目应根据“在建工程”账户的期末余额填列。（　　）

2. “坏账准备”账户的期末贷方余额，在资产负债表上应列于流动负债项目中。（　　）

3. 如果本年度资产负债表规定的各项目的名称和内容与上年不一致，则应对上年年末资产负债表各项目的名称和数字按照本年度的规定进行调整，填入资产负债表“年初数”栏内。（　　）

4. 在资产负债表的填列中，“交易性金融资产”项目是根据该账户的余额减去其备抵账户余额后的净额填列。（　　）

5. 资产负债表中的“其他应收款”项目应根据“其他应收款”账户的期末余额，减去“坏账准备”账户的期末余额后的金额填列。（　　）

6. 利润表中“营业成本”项目，反映企业销售产品和提供劳务等主要经营业务的各项销售费用和实际成本。（　　）

实训题

实训 9－1

【目的】练习资产负债表的编制。

【资料】南河工厂 6 月份各账户期末余额如表 9－1 所示。

表 9－1　　**账户期末余额表**

××年 6 月 30 日　　单位：元

账户名称	借方金额	账户名称	贷方金额
库存现金	350	累计折旧	230 500
银行存款	76 700	短期借款	61 000
应收票据	6 500	应付账款	4 050
应收账款	7 000	其他应付款	8 700
其他应收款	750	应付职工薪酬	11 100
原材料	349 800	应交税费	20 650
库存商品	50 400	实收资本	721 000
生产成本	37 000	盈余公积	38 000
固定资产	628 500	本年利润	157 785
利润分配	95 785		
合计	1 252 785	合计	1 252 785

【要求】根据上述资料编制资产负债表。

表 9－2 **资产负债表（简表）** 会企 01 表

编制单位： 年 月 日 单位：元

资 产	期末余额	年初余额	负债及所有者权益	期末余额	年初余额
流动资产：		略	流动负债：		略
货币资金			短期借款		
应收票据			应付票据		
应收账款			应付账款		
预付款项			预收款项		
应收股利			应付职工薪酬		
其他应收款			应交税费		
存货			应付股利		
流动资产合计			其他应付款		
非流动资产：			流动负债合计		
长期应收款			非流动负债：		
长期股权投资			长期借款		
固定资产			非流动负债合计		
在建工程			负债合计		
工程物资			所有者权益：		
固定资产清理			实收资本		
无形资产			资本公积		
长期待摊费用			盈余公积		
非流动资产合计			未分配利润		
			所有者权益合计		
资产总计			负债和所有者权益总计		

实训 9－2

【目的】 练习利润表的编制。

【资料】 南河工厂 10 月份年损益类账户的发生额如表 9－3 所示。

表 9－3 **南河工厂损益类账户发生额资料**

××年 10 月 单位：元

账户名称	本期发生额	
	借方	贷方
主营业务收入	5 000 000	5 000 000
主营业务成本	2 250 000	2 250 000
税金及附加	750 000	750 000
销售费用	550 000	550 000
管理费用	450 000	450 000
财务费用	100 000	100 000
其他业务收入	900 000	900 000
其他业务成本	400 000	400 000
投资收益	1 400 000	1 400 000
营业外收入	300 000	300 000
营业外支出	75 000	75 000
所得税费用	996 600	9 966 000

【要求】根据上述资料编制利润表。

表 9－4 **利 润 表（简表）** 会企 02 表

编制单位： 年 月 单位：元

项 目	本期金额	上期金额
一、营业收入		
减：营业成本		
税金及附加		
销售费用		
管理费用		
财务费用		
加：投资收益（损失以“－”号填列）		略
二、营业利润（亏损以“－”号填列）		
加：营业外收入		
减：营业外支出		
三、利润总额（亏损总额以“－”号填列）		
减：所得税费用		
四、净利润（净亏损以“－”号填列）		

单元检测 1

一、单项选择题

1. （ ）是反映企业在一定时期内经营成果及获利能力的会计报表。
   A. 现金流量表 B. 资产负债表
   C. 股东权益增减变动表 D. 利润表
2. 下列关于财务报表的表述中，正确的是（ ）。
   A. 资产负债表中确认的资产为企业拥有的资产
   B. 资产负债表中的各报表项目均按有关账户期末余额直接填列
   C. 利润表是指反映企业在某一特定日期经营成果的会计报表
   D. 并非所有的企业均须编制现金流量表
3. 下列各项中，属于小企业应当提供的财务会计报表是（ ）。
   A. 收入支出表 B. 利润表
   C. 财政补助收入支出表 D. 股东权益变动表
4. 资产负债表中所有者权益各项目自上而下的排列顺序是（ ）。
   A. 盈余公积、资本公积、未分配利润、实收资本
   B. 资本公积、实收资本、盈余公积、未分配利润

C. 盈余公积、未分配利润、实收资本
D. 实收资本、资本公积、盈余公积、未分配利润

5. 下列项目中，属于非流动负债项目的是（　　）。
A. 应付票据　　B. 应付债券
C. 应付股利　　D. 应付职工薪酬

6. 资产负债表中，负债项目按（　　）排列。
A. 项目的重要性程度　　B. 项目的金额大小
C. 项目的支付性大小　　D. 清偿债务的先后

7. “预收账款”账户所属明细账户中期末如有借方余额，应将其计入资产负债表的（　　）。
A. “预付账款”　　B. “预收账款”
C. “其他应收款”　　D. “应收账款”

8. 下列各项中，属于“预付账款”项目填列依据的是（　　）。
A. 应付账款和预付账款总账账户所属明细账账户的期末借方余额之和
B. 预付账款和预收账款总账账户所属明细账账户的期末借方余额之和
C. 应付账款和应收账款总账账户所属明细账账户的期末借方余额之和
D. 应付账款和预收账款总账账户所属明细账账户的期末借方余额之和

9. 下列选项中，影响利润表中净利润的因素是（　　）。
A. 分配现金股利　　B. 所得税费用
C. 提取法定盈余公积　　D. 提取任意盈余公积

10. 下列选项中，不属于资产负债表中反映的账户是（　　）。
A. 负债类账户　　B. 反映收入的账户
C. 所有者权益账户　　D. 资产类账户

二、多项选择题

1. 财务报表的使用者有（　　）。
A. 投资者　　B. 债权人
C. 社会公众　　D. 政府有关部门

2. 会计报表可以按（　　）进行分类。
A. 反映经济内容不同　　B. 服务对象不同
C. 编制时间不同　　D. 编制基础不同

3. 根据企业会计制度的规定，下列属于会计报表附注内容的有（　　）。
A. 关联方关系及其交易的说明　　B. 本月符合基本会计建设的说明
C. 重大投资、融资活动　　D. 重要资产的转让以及出售情况

4. 资产负债表左方反映的经济内容有（　　）。
A. 流动负债　　B. 流动资产
C. 长期投资　　D. 无形资产及其他资产

5. 下列应该包括在资产负债表存货项目的有（　　）。
A. 工程物资　　B. 在途物资

C. 委托代销商品　　　　D. 周转材料

6. 不能直接根据总分类账户余额填列的资产负债表项目有（　　）。

A. 交易性金融资产　　　　B. 货币资金

C. 存货　　　　D. 应收账款

7. 编制资产负债表时，下列项目中需根据有关总账账户期末余额分析计算填列的有（　　）。

A. 货币资金　　　　B. 长期借款

C. 存货　　　　D. 应付债券

8. 在编制资产负债表时，应根据总账账户的期末借方余额直接填列的项目有(　　)。

A. 固定资产清理　　　　B. 交易性金融资产

C. 短期借款　　　　D. 应付利息

9. 下列各项中，应列入利润表“资产减值损失”项目的有（　　）。

A. 原材料盘亏损失　　　　B. 固定资产减值损失

C. 应收账款减值损失　　　　D. 无形资产处置净损失

10. 下列各项中，应列入利润表“营业成本”项目的有（　　）。

A. 销售材料成本　　　　B. 无形资产处置净损失

C. 固定资产盘亏净损失　　　　D. 经营出租固定资产折旧费

三、判断题

1. 资产负债表中的所有者权益内部各项目是按照流动性或变现能力排列的。（　　）

2. 将于一年内到期的非流动负债，在资产负债表中应作为流动负债单独列示。（　　）

3. 资产负债表中的“在建工程”项目应根据“在建工程”账户的期末余额填列。（　　）

4. 资产负债表中的“其他应收款”项目应根据“其他应收款”账户的期末余额，减去“坏账准备”账户的期末余额后的金额填列。（　　）

5. 利润表的表头部分主要反映报表名称、报表编制单位名称、报表编制日期和货币计量单位等内容。（　　）

6. “生产成本”是利润表的组成项目。（　　）

7. 利润表中“营业成本”项目，反映企业销售产品和提供劳务等主要经营业务的各项销售费用和实际成本。（　　）

8. 资产负债表和利润表是静态报表，现金流量表是动态报表。（　　）

9. 资产负债表是时点报表，利润表是时期报表，前者主要反映一个企业的财务状况及偿债能力，后者主要反映企业的获利能力。（　　）

10. 根据我国的会计年度，半年度会计期间是特指自每年的1月1日至6月30日和7月1日至12月31日。（　　）

四、实训题

1. 百创有限公司9月30日有关总账和明细账户的余额见下表。

账户	借或贷	余额	负债和所有者权益账户	借或贷	余额
库存现金	借	1 500	短期借款	贷	250 000
银行存款	借	800 000	应付票据	贷	25 500
其他货币资金	借	90 000	应付账款	贷	71 000
交易性金融资产	借	115 000	——丙企业	贷	91 000
应收票据	借	20 000	——丁企业	借	20 000
应收账款	借	75 000	预收账款	贷	14 700
——建业公司	借	80 000	——C 公司	贷	14 700
——丰隆公司	贷	5 000	其他应付款	贷	12 000
坏账准备	贷	2 000	应交税费	贷	28 000
预付账款	借	36 100	长期借款	贷	506 000
——A 公司	借	31 000	应付债券	贷	563 700
——奇盛公司	借	5 100	其中一年到期的应付债券	贷	23 000
其他应收款	借	8 500	实收资本	贷	4 040 000
原材料	借	774 400	盈余公积	贷	158 100
生产成本	借	265 400	利润分配	贷	1 900
库存商品	借	193 200	——未分配利润	贷	1 900
固定资产	借	2 888 000	本年利润	贷	36 700
累计折旧	贷	4 900			
在建工程	借	447 400			
资产合计		5 707 600	负债及所有者权益合计		5 707 600

【要求】请代百创公司编制 9 月 30 日的资产负债表。

资产负债表（简表）

制表单位：百创公司　　　　××年 9 月 30 日　　　　单位：元

资产	年初数	年末数	负债所有者权益	年初数	年末数
流动资产：			流动负债：		
货币资金		（1）	短期借款		250 000
交易性金融资产		115 000	应付票据		25 500
应收票据		20 000	应付账款		91 000
应收账款		（2）	预收款项		（3）
预付款项		56 100	应交税费		28 000
其他应收款		8 500	其他应付款		12 000
存货		1 233 000	一年内到期的非流动负债		23 000
流动资产合计		2 402 100	流动负债合计		449 200
非流动资产：			非流动负债：		
固定资产		2 883 100	长期借款		506 000
在建工程		447 400	应付债券		（4）
非流动资产合计		3 330 500	非流动负债合计		1 046 700
			负债合计		1 495 900
			所有者权益：		
			实收资本		4 040 000

续表

资产	年初数	年末数	负债所有者权益	年初数	年末数
			盈余公积		158 100
			未分配利润		(5)
			所有者权益合计		4 236 700
资产总计		5 732 600	负债及所有者权益总计		5 732 600

2. 百创有限公司9月份有关损益类账户的发生额见下表。

百创有限公司损益类账户发生额资料

××年9月　　　　单位：元

账户名称	本期发生额	
	借方	贷方
主营业务收入		210 000
主营业务成本	160 000	
税金及附加	528	
销售费用	3 800	
管理费用	7 100	
财务费用	1 285	
其他业务收入		6 000
其他业务成本	1 200	
投资收益		420
营业外收入		1 950
营业外支出	1 000	
所得税费用	10 864. 25	

【要求】 根据上述资料编制利润表。

利　润　表（简表）

会企02表

编制单位：　　　　年　　月　　　　单位：元

项　　目	本期金额	上期金额
一、营业收入		
减：营业成本		
税金及附加		
销售费用		
管理费用		
财务费用		
加：投资收益（损失以“－”号填列）		略
二、营业利润（亏损以“－”号填列）		
加：营业外收入		
减：营业外支出		
三、利润总额（亏损总额以“－”号填列）		
减：所得税费用		
四、净利润（净亏损以“－”号填列）		

单元检测 2

一、单项选择题

1. 下列报表中，不属于企业财务报表的是（　　）。

A. 资产负债表　　B. 利润表

C. 现金流量表　　D. 成本计算表

2. 下列各项中，属于对会计报表的编制基础、编制依据、编制原则和方法及主要项目等所作解释的是（　　）。

A. 管理层讨论与分析　　B. 董事会报告

C. 会计报表附注　　D. 财务情况说明书

3. 以下项目中，不是利润表列报项目的是（　　）。

A. 财务费用　　B. 长期待摊费用

C. 营业外支出　　D. 营业收入

4. 下列选项中，不属于资产负债表账户的是（　　）。

A. 利润分配　　B. 本年利润

C. 实收资本　　D. 投资收益

5. 下列各项不在资产负债表中反映的是（　　）。

A. 未分配利润　　B. 实收资本

C. 所得税费用　　D. 盈余公积

6. 资产负债表中，资产项目按照（　　）排列。

A. 相关性大小　　B. 重要性大小

C. 可比性高低　　D. 流动性大小

7. 资产负债表附注的内容，是根据实际需要和有关（　　）等的记录分析填列。

A. 记账凭证　　B. 明细账

C. 总账　　D. 备查账

8. 下列资产负债表项目中，可根据某一总账余额填列的是（　　）。

A. 货币资金　　B. 交易性金融资产

C. 存货　　D. 应收账款

9. 下列选项中，属于利润分配表主表的是（　　）。

A. 利润表　　B. 现金流量表

C. 财务状况变动表　　D. 资产负债表

10. 下列会计报表中，属于不需要对外报送的报表是（　　）。

A. 资产负债表　　B. 利润表

C. 企业成本报表　　D. 现金流量表

二、多项选择题

1. 企业对外报送的财务报表包括（　　）。
A. 资产负债表　　B. 现金流量表
C. 会计报表附注　　D. 利润表

2. 下列会计报表中，属于月报的有（　　）。
A. 资产负债表　　B. 利润表
C. 现金流量表　　D. 财务情况说明书

3. 下列项目中，列示在资产负债表右方的有（　　）。
A. 非流动资产　　B. 非流动负债
C. 流动负债　　D. 所有者权益

4. 资产负债表中“期末数”的来源有（　　）。
A. 总账余额　　B. 明细账余额
C. 科目汇总表　　D. 备查登记簿记录

5. 资产负债表中的“货币资金”项目，应根据（　　）账户期末余额的合计数填列。
A. “备用金”　　B. “其他货币资金”
C. “银行存款”　　D. “库存现金”

6. 下列资产负债表各项目不能以总账余额直接填列的有（　　）。
A. 短期借款　　B. 应收账款
C. 货币资金　　D. 存货

7. 下列各种物资中，应作为企业存货核算的有（　　）。
A. 委托加工物资　　B. 分期收款发出商品
C. 低值易耗品　　D. 在途物资

8. 下列各项中，影响企业利润总额计算的有（　　）。
A. 营业收入　　B. 营业外支出
C. 营业外收入　　D. 投资收益

9. 利润表中，“营业成本”项目的“本期金额”，应根据（　　）账户的本期发生额计算填列。
A. “生产成本”　　B. “主营业务成本”
C. “其他业务成本”　　D. “劳务成本”

10. 下列资产项目中，属于流动资产项目的有（　　）。
A. 无形资产　　B. 其他应收款
C. 预付账款　　D. 在建工程

三、判断题

1. 资产负债表中的“其他应收款”项目应根据“其他应收款”总账账户的期末余额填列。（　　）

2. “坏账准备”账户的期末贷方余额，在资产负债表上应列于流动负债项目中。（　　）

3. 如果本年度资产负债表规定的各项目的名称和内容与上年不一致，则应对上年年末资产负债表各项目的名称和数字按照本年度的规定进行调整，填入资产负债表“年初数”栏内。 (　　)

4. 在资产负债表的填列中，“交易性金融资产”项目是根据该账户的余额减去其备抵账户余额后的净额填列。 (　　)

5. 利润表的格式主要是多步式利润表和单步式利润表两种，我国企业采用的是多步式利润表格式。 (　　)

6. 多步式利润表格式直观、简单，避免了项目分类上的困难。 (　　)

7. 净利润是指营业利润减去所得税费用后的金额。 (　　)

8. 将应计入“营业外支出”项目的支出误计入“管理费用”项目，既不影响企业营业利润计算的正确性，也不影响企业利润总额。 (　　)

9. 资产负债表中各项目的金额反映的是累计发生额，利润表中各项目的金额反映的是本期发生额。 (　　)

10. “生产成本”是利润表的组成项目。 (　　)

四、实训题

1. 金地公司12月初有关账户余额见下表。

单位：元

账户名称	借方余额	账户名称	贷方余额
库存现金	1 280	应付账款	75 400
银行存款	223 450	短期借款	100 000
应收账款	87 600	应交税费	15 800
库存商品	158 900	累计折旧	24 600
固定资产	587 570	实收资本	800 000
长期股权投资	100 000	未分配利润	143 000
合计	1 158 800	合计	1 158 800

金地公司12月份发生以下业务：

（1）收到其他单位前欠货款32 000元，存入银行。

（2）销售商品1 000件，每件售价100元，每件成本70元，增值税税率13%，款项已收，存入银行。

（3）采购商品一批，增值税专用发票列示的价款为50 000元，增值税税率13%，货已入库，款未付。

（4）开出转账支票支付上述销售商品的运杂费2 000元。

（5）从银行存款户中归还短期借款50 000元以及本月借款利息350元。

（6）通过银行转账支付上述部分购料款38 500元。

【要求】请根据上述资料，代金地公司完成下列资产负债表的编制。

资产负债表（简表）

制表单位：金地公司　　　　××年12月31日　　　　单位：元

资产	年初数	年末数	负债和所有者权益	年初数	年末数
流动资产：	略		流动负债：	略	
货币资金		282 880	短期借款		50 000
应收账款		（1）	应付账款		（4）
存货		（2）	应交税费		（5）
流动资产合计		（3）	流动负债合计		169 700
非流动资产：			所有者权益：		
长期股权投资		100 000	实收资本		800 000
固定资产		562 970	未分配利润		170 650
非流动资产合计		662 970	所有者权益合计		970 650
资产总计		1 140 350	负债及所有者权益总计		1 140 350

2. 金地公司12月有关损益类账户的发生额见下表。

金地公司损益类账户发生额资料

××年12月　　　　单位：元

账户名称	本期发生额	
	借方	贷方
主营业务收入		210 000
主营业务成本	160 000	
税金及附加	528	
销售费用	3 800	
管理费用	7 100	
财务费用	1 285	
其他业务收入		6 000
其他业务成本	1 200	
投资收益		420
营业外收入		1 950
营业外支出	1 000	
所得税费用	10 864. 25	

【要求】根据上述资料编制利润表。

利　润　表（简表）

会企02表

编制单位：　　　　　　　　　　年　　月　　　　　　　　　　单位：元

项　　目	本期金额	上期金额
一、营业收入		
减：营业成本		
税金及附加		
销售费用		
管理费用		
财务费用		
加：投资收益（损失以“－”号填列）		略
二、营业利润（亏损以“－”号填列）		
加：营业外收入		
减：营业外支出		
三、利润总额（亏损总额以“－”号填列）		
减：所得税费用		
四、净利润（净亏损以“－”号填列）		

第十单元 *Chapter 10*

账务处理程序

第一节　账务处理的基本程序

单项选择题

1. 设计会计账务处理程序是（　　）的一项重要内容。
   A. 会计凭证设计　　B. 会计制度设计
   C. 会计账簿设计　　D. 会计报表设计
2. 各种会计账务处理程序的主要区别在于（　　）。
   A. 汇总的记账凭证不同　　B. 登记总账的依据不同
   C. 汇总的凭证格式不同　　D. 节省工作时间不同
3. 下列各项中，属于选择总分类账登记方法的依据是（　　）。
   A. 账务处理程序　　B. 会计凭证的类别
   C. 账簿体系　　D. 会计科目的设置
4. 账务处理程序的核心是（　　）。
   A. 凭证组织　　B. 账簿组织
   C. 记账程序　　D. 报表组织
5. 下列凭证中，不能作为登记总分类账依据的是（　　）。
   A. 记账凭证　　B. 科目汇总表
   C. 汇总记账凭证　　D. 原始凭证

多项选择题

1. 账簿的组织形式包括（　　　）。
   A. 账簿的种类　　B. 账户的名称
   C. 账簿之间的关系　　D. 账簿的格式
2. 合理组织会计账务处理程序的重要意义在于（　　）。
   A. 提高会计核算工作质量　　B. 扩大企业规模
   C. 节约核算费用　　D. 提高会计管理水平

3. 各种会计账务处理程序之间的主要区别有（　　）。

A. 登记总分类账的依据不同　　B. 登记总分类账的程序不同

C. 登记明细分类账的依据不同　　D. 登记明细分类账的程序不同

4. 会计账务处理程序包括（　　）。

A. 记账凭证账务处理程序　　B. 账户账簿

C. 汇总记账凭证账务处理程序　　D. 科目汇总表账务处理程序

5. 各种账务处理程序的一般程序均应包括（　　）。

A. 编制会计报表　　B. 编制记账凭证

C. 登记日记账、明细账和总账　　D. 进行账簿有关指标核对

判断题

1. 由于各企业的业务性质、规模大小、业务繁简程度各有不同，所以它们所采用的账务处理程序也就有所不同。（　　）

2. 同一个企业可以同时采用几种不同的账务处理程序。（　　）

3. 各种账务处理程序的不同之处在于登记明细分类账的方法不同。（　　）

4. 在各种不同账务处理程序下，登记总分类账的依据和程序都是相同的。（　　）

5. 在各种不同账务处理程序下，会计报表的编制和依据都是相同。（　　）

第二节　记账凭证账务处理程序

单项选择题

1. 某商贸公司业务量不大，在对其进行会计检查时，从其“库存商品”总账上发现“现收 7 号凭证”有漏记销售收入的嫌疑。由此可判断该公司采用的是（　　）。

A. 记账凭证账务处理程序　　B. 汇总记账凭证账务处理程序

C. 科目汇总表账务处理程序　　D. 多栏式日记账账务处理程序

2. 记账凭证账务处理程序适用于（　　）的单位。

A. 规模较小，业务较少　　B. 规模较大，业务较多

C. 规模较大，业务较少　　D. 会计科目不多

3. 直接根据记账凭证逐笔登记总分类账的账务处理程序是（　　）账务处理程序。

A. 记账凭证　　B. 多栏式日记账

C. 科目汇总表　　D. 汇总记账凭证

4. 记账凭证账务处理程序的主要特点是（　　）。

A. 根据各种记账凭证编制的汇总记账凭证

B. 根据各种记账凭证编制科目汇总表

C. 根据各种记账凭证逐笔登记总分类账

D. 根据汇总记账凭证登记总分类账

5. 记账凭证账务处理程序的缺点是（　　）。

A. 不便于分工记账　　B. 程序复杂，不易掌握

C. 不便于查账、对账　　D. 登记总分类账的工作量大

多项选择题

1. 记账凭证账务处理程序，登记明细账的依据可以是（　　　）。

A. 原始凭证　　B. 汇总原始凭证

C. 汇总记账凭证　　D. 记账凭证

2. 记账凭证账务处理程序的优点在于（　　　）。

A. 登记总分类账的工作量小　　B. 效率较高

C. 能反映账户对应关系　　D. 总账反映内容详细

3. 关于记账凭证账务处理程序，下列说法不正确的有（　　　）。

A. 根据记账凭证直接登记总分类账

B. 账务处理程序比较复杂

C. 总账比较详细地记录业务，便于查阅

D. 不适合于经济业务量较少的单位

4. 关于记账凭证账务处理程序，下列说法正确的有（　　　）。

A. 根据记账凭证逐笔登记总分类账

B. 是最基本的账务处理程序

C. 简单明了，易于理解

D. 总分类账可以比较详细地反映经济业务的来龙去脉

5. 记账凭证账务处理程序一般适用的企业和单位是（　　　）。

A. 规模较小　　B. 规模较大

C. 经济业务较多　　D. 经济业务较少

判断题

1. 记账凭证账务处理程序适用于规模较大、业务较多的单位。（　　）

2. 记账凭证账务处理程序是最基本的账务处理程序，其特点是登记账簿的工作量较小。（　　）

3. 记账凭证账务处理程序既能保持账户对应关系，又能减轻登记总分类账的工作量。（　　）

4. 采用记账凭证账务处理程序，不得根据汇总原始凭证编制记账凭证。（　　）

5. 记账凭证账务处理程序的主要特点是直接根据各种记账凭证逐笔登记总分类账。（　　）

计算综合题

【目的】练习记账凭证会计账务处理程序。

【资料】

1. 某企业5月初各账户余额如表10－1所示。

表10－1　　金额单位：（元）

账户名称	借方余额	账户名称	贷方余额
库存现金	1 600	累计折旧	162 900
银行存款	54 600	短期借款	50 000
应收账款	122 100	应付账款	30 000
其他应收款	1 500	应付职工薪酬	10 180
原材料	167 900	应交税费	15 650
库存商品	78 540	应付利息	1 600
固定资产	319 960	实收资本	500 000
利润分配	27 800	盈余公积	3 670
合　计	774 000	合　计	774 000

2. 该工厂5月份发生下列交易、事项：

（1）向一厂购入甲材料200千克，买价25 840元；增值税3 359.20元，款项用银行存款支付。

（2）以现金支付甲材料运杂费160元。

（3）甲材料200千克验收入库，按实际成本转账。

（4）以银行支票15 200元缴纳上月销售税金。

（5）以银行支票30 000元归还临时借款。

（6）收到二厂货款36 000元，四厂货款60 000元存入银行。

（7）以现金100元购入劳保用品，当即交车间使用。

（8）仓库发出乙材料460千克，每千克进价100元，其中300千克用以制造B产品，160千克用于制造A产品。

（9）购入新机器一台，价值70 000元，以银行支票支付。

（10）销售给二厂A产品300件，单位售价180元，增值税计7 020元，款项尚未收到。

（11）销售给四厂B产品100件，单位售价400元，增值税计5 200元，款项尚未收到。

（12）以银行存款支付广告费1 600元。

（13）仓库发出甲材料100千克，每千克130元，用于制造A产品。

（14）以银行支票支付车间设备修理费328元。

（15）以现金80元支付销售产品运杂费。

（16）购入丁材料100千克，验收入库，买价2 400元，增值税312元，款项以银行支票支付，同时按实际成本转账。

（17）仓库发出车间一般耗用的丁材料 40 千克，每千克 24 元。

（18）向三厂购入乙材料 200 千克，买价 19 760 元，增值税 2 568.80 元，款项以银行支票支付。

（19）以银行支票支付乙材料运输、装卸费 240 元。

（20）乙材料 200 千克验收入库，按实际成本转账。

（21）仓库发出甲材料 200 千克，每千克进价 130 元，用于制造 B 产品。

（22）向五厂购入丙材料 300 千克，买价 11 820 元，增值税 1 536.60 元，款项用银行存款支付，材料未到。

（23）以银行存款支付丙材料运杂费 180 元。上述丙材料 300 千克验收入库，按实际成本转账。

（24）开出银行支票 1 000 元，提取现金。

（25）以银行支票 330 元购买管理部门办公用品。

（26）售出 A 产品 200 件，单位售价 180 元，增值税计 4 680 元，款项已收到存入银行。

（27）以现金 40 元支付销售 A 产品装卸搬运费。

（28）收到二厂货款 61 020 元存入银行。

（29）收到四厂货款 45 200 元存入银行。

（30）向三厂购入乙材料 300 千克，买价 29 640 元，增值税 3 853.2 元，运杂费 360 元，款项以银行存款支付。

（31）乙材料 300 千克已验收入库，按实际成本转账。

（32）售出 B 产品 150 件，单位售价 400 元，增值税计 7 800 元，款项已收到存入银行。

（33）以现金支付 B 产品销售运杂费 50 元。

（34）购入会计用凭证账簿 60 元，车间用文具用品 84 元，分别以现金支付。

（35）仓库发出丙材料 150 千克，其中 50 千克用以制造 A 产品，100 千克用以制造 B 产品，丙材料成本每千克 40 元。

（36）以银行支票 450 元支付车间机器修理费。

（37）管理部门人员出差回来报销差旅费 1 290 元，已预借 1 500 元，余款交回现金。

（38）向银行提取现金 38 000 元，用以发放工资。

（39）以现金 38 000 元发放工资。

（40）销售给二厂 A 产品 100 件，单位售价 360 元，增值税计 4 680 元，款项尚未收到。

（41）以现金 30 元支付 A 产品销售搬运费。

（42）以银行支票支付职工医药费 3 120 元。

（43）以银行支票支付本月份电费 4 770 元，其中车间生产用电 3 978 元，管理部门用电 792 元。

（44）以银行支票支付本月份水费 380 元，其中车间用水 216 元，管理部门用水 164 元。

（45）结转本月职工工资 38 000 元，其中生产工人工资 27 200 元（A 产品工人工资 12 800 元，B 产品工人工资 14 400 元），车间技术、管理人员工资 5 800 元，行政管理部门工资 5 000 元。

（46）计提本月固定资产折旧 3 780 元，其中车间用固定资产折旧 2 500 元，行政管理部门固定资产折旧 1 280 元。

（47）应付本月份银行借款利息 600 元。

（48）结转本月份制造费用，按生产工人工资比例分配计入 A、B 产品生产成本。

（49）月末 A、B 产品全部完工，结转已完工产品的实际生产成本。

（50）结转本月应付消费税 11 300 元。

（51）结转已销产品生产成本：A 产品实际成本 88 200 元，B 产品实际成本 68 680 元。

（52）结转各项损益账户，计算本月利润总额。

（53）按利润总额 25% 计算应交所得税。

（54）将所得税转入“本年利润”账户。

（55）将“本年利润”账户的税后余额转入“利润分配”账户。

（56）按税后利润 10% 计提盈余公积。

【要求】

1. 根据资料 2 编制记账凭证，登记总分类账，并结出期末余额（记账凭证以会计分录代替）。

(1)	(2)
(3)	(4)
(5)	(6)
(7)	(8)
(9)	(10)

(11)	(12)
(13)	(14)
(15)	(16)
(17)	(18)
(19)	(20)
(21)	(22)
(23)	(24)
(25)	(26)

(27)	(28)
(29)	(30)
(31)	(32)
(33)	(34)
(35)	(36)
(37)	(37)
(39)	(40)
(41)	(42)

(43)	(44)
(45)	(46)
(47)	(48)
(49)	(50)
(51)	(52)
(53)	(54)
(55)	(56)

2. 根据资料 1 开设总分类账户，根据上述记账凭证登账（总分类账户以“T”字型账户代替）。

3. 编制总分类账户本期发生额及余额表（试算平衡表）（见表10－2）。

表10－2 **试 算 平 衡 表** 金额单位：元

账户名称	期初余额		本期发生额		期末余额	
	借 方	贷 方	借 方	贷 方	借 方	贷 方
合 计						

第三节 科目汇总表账务处理程序

单项选择题

1. 科目汇总表账务处理程序与汇总记账凭证账务处理程序的共同优点是（　　）。
   A. 保持科目之间的对应关系　　B. 简化总分类账登记工作

C. 进行发生额试算平衡　　D. 总括反映同类经济业务

2. 科目汇总表账务处理程序适用于（　　）。

A. 规模较小，业务较少的单位　　B. 规模较小，业务较多的单位

C. 规模较大，业务较多的单位　　D. 规模较大，业务较少的单位

3. 科目汇总表账务处理程序的缺点是（　　）。

A. 不能简化登记总账的工作量　　B. 不能进行试算平衡

C. 不能反映账户对应关系　　D. 限制会计科目数量

4. 编制科目汇总表的直接依据是（　　）。

A. 记账凭证　　B. 汇总记账凭证

C. 原始凭证　　D. 汇总原始凭证

5. 下列属于科目汇总表账务处理程序的优点是（　　）。

A. 便于反映个账户的对应关系　　B. 便于检查核对账目

C. 便于进行试算平衡　　D. 便于进行分工核算

多项选择题

1. 科目汇总表账务处理程序的优点有（　　）。

A. 反映内容详细　　B. 简化总账登记

C. 手续简便　　D. 便于试算平衡

2. 科目汇总表反映的是（　　）。

A. 各科目的本期贷方发生额　　B. 各科目的本期借方发生额

C. 各科目的期末贷方余额　　D. 各科目的期末借方余额

3. 在科目汇总表账务处理程序下，记账凭证是用来（　　）的依据。

A. 登记库存现金日记账　　B. 登记总分类账

C. 登记明细分类账　　D. 编制科目汇总表

4. 在科目汇总表账务处理程序下，月末应将（　　）与总分类账进行核对。

A. 库存现金日记账　　B. 银行存款日记账

C. 明细分类账　　D. 备查账

5. 下列有关科目汇总表账务处理程序的说法正确的有（　　）。

A. 减少了登记总分类账的工作量

B. 可做到试算平衡

C. 不能反映账户之间的对应关系，不便于查核账目

D. 是最简单的账务处理程序

判断题

1. 科目汇总表账务处理程序和汇总记账凭证账务处理程序的主要相同点在于汇总凭证的格式相同。（　　）

2. 科目汇总表账务处理程序的优点包括能进行试算平衡。（　　）

3. 科目汇总表账务处理程序只适用于经济业务不太复杂的中小型单位。（ ）

4. 科目汇总表可以反映账户之间的对应关系，还可以起到试算平衡的作用。（ ）

5. 科目汇总表账务处理程序的优点之一是能减轻登记总分类账的工作量。（ ）

计算综合题

【目的】练习科目汇总表编制方法。

【资料】承第二节计算综合题资料。

【要求】编制科目汇总表（表10－3，按全月编制）。

表10－3　　**科目汇总表**

年　月　日　　金额单位：元

会计科目	总账页数	本期发生额		记账凭证起止号数
		借方	贷方	
	略			略
合计				

第四节　汇总记账凭证账务处理程序

单项选择题

1. 汇总记账凭证账务处理程序的主要缺点在于（　　）。

A. 编制汇总记账凭证工作量大　　B. 不能反映经济业务

C. 不能保持科目之间的对应关系　　D. 能节省会计工作时间

2. （　　）账务处理程序适用于规模较大、业务量较多的单位。

A. 汇总记账凭证　　B. 记账凭证

C. 日记总账　　D. 多栏式日记账

3. 汇总收款凭证的借方科目可能是（　　）。

A. “库存现金”或“银行存款”　　B. “生产成本”或“制造费用”

C. “固定资产”或“无形资产”　　D. “短期借款”和“长期借款”

4. 汇总转账凭证一般按（　　）科目设置。

A. 借方　　B. 贷方

C. 借方或贷方　　D. 借方和贷方

5. 汇总记账凭证账务处理程序的优点是（　　）。

A. 便于进行分工核算　　B. 总分类账户反映较详细

C. 简化编制凭证的工作量　　D. 便于了解账户之间的对应关系

多项选择题

1. 汇总记账凭证账务处理程序的优点在于（　　　）。

A. 反映内容详细　　B. 简化总账登记

C. 手续简便　　D. 便于反映账户之间的对应关系

2. 有关汇总记账凭证账务处理程序说法正确的有（　　　）。

A. 减轻了登记总分类账的工作量　　B. 便于了解账户之间的对应关系

C. 不利于会计核算的日常分工　　D. 主要适用于规模较大，经济业务较多的单位使用

3. 由于汇总转账凭证是按每一贷方科目设置的，为了便于汇总，编制转账凭证可以是（　　　）。

A. “一借一贷”的会计分录　　B. “一贷多借”的会计分录

C. “一借多贷”的会计分录　　D. “多借多贷”的会计分录

4. 汇总记账凭证账务处理程序与记账凭证账务处理程序的相同之处在于（　　　）。

A. 根据原始凭证和原始凭证汇总表编制记账凭证

B. 根据收、付款凭证逐笔登记现金日记账和银行存款日记账

C. 根据各种记账凭证和有关原始凭证或原始凭证汇总表登记明细账

D. 根据记账凭证逐笔登记总分类账

5. 在汇总记账凭证账务处理程序下，月末应与总账核对的内容有（　　）。

A. 银行存款日记账　　B. 会计报表

C. 明细账　　D. 记账凭证

判断题

1. 汇总记账凭证账务处理程序的主要缺点在于不能保持科目之间的对应关系。（　　）

2. 汇总记账凭证账务处理程序的特点是根据汇总记账凭证登记总分类账。（　　）

3. 汇总记账凭证与科目汇总表的汇总方法基本相同。（　　）

4. 汇总记账凭证账务处理程序适合规模较小、业务较少的企业。（　　）

5. 汇总记账凭证账务处理程序的优点：可以简化总分类账的登记工作，减轻了登记总分类账的工作量，并可做到试算平衡。（　　）

单元检测 1

一、单项选择题

1. 各种会计账务处理程序的主要区别在于（　　）。

A. 登记总账的依据不同　　B. 汇总的记账凭证不同

C. 汇总的凭证格式不同　　D. 节省工作时间不同

2. 记账凭证账务处理程序的特点是根据记账凭证逐笔登记（　　）。

A. 日记账　　B. 明细分类账

C. 总分类账　　D. 总分类账和明细分类账

3. 在汇总记账凭证账务处理程序下，登记总分类账的依据是（　　）。

A. 汇总原始凭证　　B. 汇总记账凭证

C. 记账凭证　　D. 原始凭证

4. 某商贸公司业务量不大，从其“原材料”总账上发现“转字 7 号凭证”这样的记录，由此可判断该公司采用的是（　　）。

A. 记账凭证账务处理程序　　B. 汇总记账凭证账务处理程序

C. 科目汇总表账务处理程序　　D. 多栏式日记账账务处理程序

5. 记账凭证账务处理程序适用于（　　）的单位。

A. 会计科目不多　　B. 规模较大、业务较多

C. 不需要明细核算　　D. 规模较小、业务较少

6. 科目汇总表账务处理程序与汇总记账凭证账务处理程序的共同优点是（　　）。

A. 简化总分类账登记工作　　B. 保持科目之间的对应关系

C. 进行发生额试算平衡　　D. 总括反映同类经济业务

7. 科目汇总表账务处理程序适用于（　　）。
A. 规模较小，业务较少的单位
B. 规模较大，业务较多的单位
C. 规模较小，业务较多的单位
D. 规模较大，业务较少的单位
8. 科目汇总表账务处理程序的缺点是（　　）。
A. 不利于进行明细核算
B. 不能查出登账错误
C. 不能反映账户对应关系
D. 限制会计科目数量
9. 汇总转账凭证一般按（　　）科目设置。
A. 贷方
B. 借方
C. 借方或贷方
D. 借方和贷方
10. 汇总记账凭证账务处理程序的优点是（　　）。
A. 便于快速查找登账错误
B. 明细分类账户反映较详细
C. 简化编制凭证的工作量
D. 便于了解账户之间的对应关系

二、多项选择题

1. 下列凭证中，可以作为登记总分类账依据的是（　　　）。
A. 记账凭证
B. 科目汇总表
C. 汇总记账凭证
D. 原始凭证
2. 会计账务处理程序包括（　　　）。
A. 记账凭证账务处理程序
B. 科目汇总表账务处理程序
C. 汇总记账凭证账务处理程序
D. 凭证和账簿
3. 各种账务处理程序的一般程序均应包括（　　　）。
A. 编制会计报表
B. 编制记账凭证
C. 登记日记账
D. 登记总账和明细账
4. 关于记账凭证账务处理程序，下列说法不正确的是（　　　）。
A. 根据汇总记账凭证登记总分类账
B. 账务处理程序比较复杂
C. 总账比较详细地记录业务，便于查阅
D. 适合经济业务量较多的单位
5. 科目汇总表反映的是（　　　）。
A. 各科目的期初贷方余额
B. 各科目的本期借方发生额
C. 各科目的本期贷方发生额
D. 各科目的期初借方余额
6. 在记账凭证账务处理程序下，月末应将（　　　）与总分类账进行核对。
A. 库存现金日记账
B. 银行存款日记账
C. 明细分类账
D. 备查账
7. 有关科目汇总表账务处理程序的说法正确的有（　　　）。
A. 减少了登记总分类账的工作量
B. 可做到试算平衡
C. 不能反映账户之间的对应关系，不便于查核账目
D. 适用于规模较大，业务较多的企业
8. 汇总记账凭证账务处理程序的优点在于（　　　）。
A. 明细账内容详细
B. 简化总分类账登记

C. 简化记账凭证的编制　　　　　　　　D. 便于反映账户之间的对应关系

9. 下列有关汇总记账凭证账务处理程序说法正确的有（　　）。

A. 减轻了登记总分类账的工作量

B. 便于了解账户之间的对应关系

C. 不利于会计核算的日常分工

D. 主要适用于规模较大，经济业务较多的单位使用

10. 由于汇总转账凭证是按每一贷方科目设置的，为了便于汇总，编制转账凭证可以是（　　）。

A. "一借多贷"的会计分录　　　　B. "一贷多借"的会计分录

C. "多借多贷"的会计分录　　　　D. "一借一贷"的会计分录

三、判断题

1. 在各种不同账务处理程序下，登记总分类账的依据和程序是不同的。（　）
2. 同一个企业可以每半年更换采用不同的账务处理程序。（　）
3. 记账凭证账务处理程序适用于需要详细反映总分类账记录的单位。（　）
4. 记账凭证账务处理程序是最基本的账务处理程序，其缺点就是登记账簿的工作量较大。（　）
5. 记账凭证账务处理程序既能保持账户对应关系，又能减轻登记总分类账的工作量。（　）
6. 科目汇总表账务处理程序和汇总记账凭证账务处理程序的主要相同点是减轻了登记总类账的工作量。（　）
7. 汇总记账凭证账务处理程序的优点包括能进行试算平衡。（　）
8. 科目汇总表账务处理程序适用于规模较大经济业务较多的企业。（　）
9. 汇总记账凭证账务处理程序适合规模较小，业务较少的企业。（　）
10. 汇总记账凭证账务处理程序的优点是，可以简化总分类账的登记工作，并且能试算平衡。（　）

四、计算综合题

【目的】练习记账凭证会计账务处理程序。

【资料】

1. 某企业 3 月初各账户余额见下表。

金额单位：元

账户名称	借方余额	账户名称	贷方余额
库存现金	1 500	累计折旧	162 900
银行存款	152 600	短期借款	150 000
应收账款	102 000	应付账款	20 000
其他应收款	4 500	应付职工薪酬	11 180

续表

账户名称	借方余额	账户名称	贷方余额
原材料	205 000	应交税费	14 650
库存商品	98 000	应付利息	12 000
固定资产	319 960	实收资本	500 000
利润分配	57 800	盈余公积	70 630
合　计	941 360	合　计	941 360

2. 该企业 3 月份发生下列交易、事项：

1 日，向康泰公司购入甲材料 2 000 千克，单价 20 元，货款 40 000 元，增值税 5 200 元；乙材料 1 000 千克，单价 15 元，货款 15 000，增值税 1 950 元，所有款项用银行存款支付，材料已经验收入库。

5 日，采购员小王出差，预借差旅费 3 000 元，现金支付。

6 日，以银行存款 30 000 元归还临时借款。

8 日，收到华星工厂前欠货款 52 000 元存入银行。

10 日，从银行提取现金 5 000 元，作零星备用。

12 日，仓库发出甲材料 500 千克，发出单价 20 元，用于制造 A 产品；发出乙材料 600 千克。发出单价 15 元，用于制造 B 产品。

13 日，采购员小王出差回来报销差旅费 1 590 元，之前预借 3 000 元，余款交回现金。

15 日，用银行存款发放职工薪酬 80 000 元。

18 日，销售 A 产品 300 件，单位售价 1 200 元，货款 360 000，增值税额 46 800；销售乙产品 100 件，单位售价 700 元，货款 70 000 元，增值税额 9 100 元，所有款项已经收到存入银行。

20 日，购入新机器一台，价值 70 000 元，以银行存款支付。

21 日，以银行存款支付广告费 16 000 元。

22 日，以库存现金 530 元购买管理部门办公用品。

24 日，以银行存款支付本月份电费 5 770 元，其中车间生产用电 4 513 元，管理部门用电 1 257 元。

25 日，以银行存款支付本月份水费 1 380 元，其中车间用水 1 116 元，管理部门用水 264 元。

31 日，结转本月职工工资 80 000 元，其中生产工人工资 53 446 元（A 产品工人工资 28 946 元，B 产品工人工资 24 400 元），车间管理人员工资 15 800 元，行政管理部门工资 10 854 元。

31 日，计提本月固定资产折旧 10 524 元，其中车间用固定资产折旧 5 244 元，行政管理部门固定资产折旧 5 280 元。

31 日，结转本月份制造费用 26 673 元。其中 A 产品 14 474 元，B 产品 12 200 元。

31 日，月末产品全部完工，结转已完工产品的实际生产成本 99 019 元，其中 A 产品实际成本 53 419 元，B 产品实际成本 45 600 元。

31 日，结转本月应交消费税 13 000 元。

31 日，结转已销产品生产成本：A 产品实际成本 120 000 元，B 产品实际成本 30 000 元。

31 日，结转各项损益账户。

【要求】

1. 根据资料 1 开设总分类账户（总分类账户以“T”型账户代替）。

2. 根据资料 2 编制记账凭证，登记总分类账，并结出期末余额（记账凭证以会计分录代替）。

(1)	(2)
(3)	(4)
(5)	(6)
(7)	(8)
(9)	(10)
(11)	(12)
(13)	(14)
(15)	(16)

(17)	(18)
(19)	(20)
(21)	(22)

3. 编制总分类账户本期发生额及余额表（试算平衡表）。

试 算 平 衡 表

金额单位：元

账户名称	期初余额		本期发生额		期末余额	
	借 方	贷 方	借 方	贷 方	借 方	贷 方

续表

账户名称	期初余额		本期发生额		期末余额	
	借　方	贷　方	借　方	贷　方	借　方	贷　方
合　计						

单元检测2

一、单项选择题

1. 各种账务处理程序的主要区别在于（　　）。
   A. 凭证格式不同　　B. 设置账户不同
   C. 登记总分类账的依据不同　　D. 程序繁简不同
2. 以下（　　）不是常见的账务处理程序。
   A. 记账凭证账务处理程序　　B. 原始凭证账务处理程序
   C. 汇总记账凭证账务处理程序　　D. 科目汇总表账务处理程序
3. 根据汇总记账凭证登记总分类账的账务处理程序是（　　）账务处理程序。
   A. 记账凭证　　B. 多栏式日记账
   C. 科目汇总表　　D. 汇总记账凭证
4. 记账凭证账务处理程序的主要特点是（　　）。
   A. 根据各种记账凭证编制汇总记账凭证
   B. 根据各种记账凭证编制科目汇总表
   C. 根据各种记账凭证逐笔登记总分类账
   D. 根据汇总记账凭证登记总分类账
5. 科目汇总表账务处理程序的缺点是（　　）。
   A. 不便于试算平衡
   B. 程序复杂，不易掌握
   C. 总账记录不能保持账务之间的对应关系
   D. 登记总分类账的工作量大
6. 编制汇总记账凭证的直接依据是（　　）。

A. 记账凭证
B. 汇总原始凭证
C. 原始凭证
D. 汇总记账凭证

7. 下列属于科目汇总表账务处理程序优点的是（　　）。
A. 便于反映账户的对应关系
B. 便于简化程序
C. 便于进行试算平衡
D. 便于进行分工核算

8. 汇总记账凭证账务处理程序的主要优点在于（　　）。
A. 编制汇总记账凭证工作量不大
B. 能合理反映经济业务
C. 能保持科目之间的对应关系
D. 能节省会计工作时间

9. （　　）账务处理程序适用于规模较大、业务量较多的单位。
A. 科目汇总表
B. 记账凭证
C. 日记总账
D. 多栏式日记账

10. 汇总收款凭证的借方账户可能是（　　）。
A. “固定资产”或“无形资产”
B. “生产成本”或“制造费用”
C. “库存现金”或“银行存款”
D. “短期借款”和“长期借款”

二、多项选择题

1. 记账凭证账务处理程序、汇总记账凭证账务处理程序和科目汇总表账务处理程序应共同遵循的程序有（　　）。
A. 根据原始凭证、汇总原始凭证和记账凭证登记各种明细分类账
B. 根据记账凭证逐步登记总分类账
C. 期末，库存现金日记账、银行存款日记账和明细分类账的余额与有关总分类账的余额核对相符
D. 根据总分类账和明细分类账的记录编制会计报表

2. 适用于生产规模较大、业务较多公司的账务处理程序有（　　）。
A. 多栏式日记账账务处理程序
B. 记账凭证账务处理程序
C. 汇总记账凭证账务处理程序
D. 科目汇总表账务处理程序

3. 各种会计账务处理程序下，登记明细分类账的依据可能是（　　）。
A. 原始凭证
B. 汇总原始凭证
C. 记账凭证
D. 汇总记账凭证

4. 记账凭证账务处理程序，登记明细账的依据可以是（　　）。
A. 原始凭证
B. 汇总原始凭证
C. 汇总记账凭证
D. 记账凭证

5. 汇总记账凭证账务处理程序的优点有（　　）。
A. 减少登记总分类账的工作量
B. 效率较高
C. 能反映账户对应关系
D. 总账反映内容详细

6. 关于记账凭证账务处理程序，下列说法正确的有（　　）。
A. 登记总分类账工作量较大
B. 根据记账凭证逐笔登记总分类账
C. 简单明了，易于理解

D. 总分类账可以比较详细地反映经济业务的来龙去脉

7. 在科目汇总表账务处理程序下，记账凭证是用来（　　）的依据。

A. 登记银行存款明细账　　B. 登记库存现金日记账

C. 登记明细分类账　　D. 编制科目汇总表

8. 汇总记账凭证账务处理程序与科目汇总表账务处理程序的相同之处在于（　　）。

A. 根据原始凭证和原始凭证汇总表编制记账凭证

B. 根据收、付款凭证逐笔登记现金日记账和银行存款日记账

C. 根据各种记账凭证和有关原始凭证或原始凭证汇总表登记明细账

D. 根据记账凭证逐笔登记总分类账

9. 在记账凭证账务处理程序下，月末应与总账核对的内容有（　　）。

A. 银行存款日记账　　B. 现金日记账

C. 明细分类账　　D. 会计报表

10. 下列不属于科目汇总表账务处理程序优点的是（　　）。

A. 便于反映账户之间的对应关系

B. 便于进行试算平衡

C. 便于检查核对账目

D. 简化登记总账的工作量

三、判断题

1. 虽然各企业的业务性质、规模大小、业务繁简程度各有不同，但是它们所采用的账务处理程序是一样的。（　）

2. 在各种的不同账务处理程序下，登记明细分类账的依据都是相同。（　）

3. 各种账务处理程序的不同之处是登记总分类账的依据和方法不同。（　）

4. 采用记账凭证账务处理程序，需要根据原始凭证和汇总原始凭证编制记账凭证。（　）

5. 汇总记账凭证账务处理程序的主要特点是根据汇总记账凭证登记总分类账。（　）

6. 科目汇总表可以反映账户之间的对应关系，但不能起到试算平衡的作用。（　）

7. 汇总记账凭证账务处理程序的缺点之一就是编制汇总记账凭证的工作量比较大。（　）

8. 记账凭证账务处理程序的主要缺点在于登记总分类账工作量较大。（　）

9. 汇总记账凭证账务处理程序的优点之一是能保持账户的对应关系。（　）

10. 采用科目汇总表账务处理程序的企业，其总账和明细账的登账依据都是科目汇总表。（　）

四、计算综合题

【目的】练习科目汇总表编制方法。

【资料】承本单元检测 1 “计算综合题”资料。

【要求】编制科目汇总表（1—15 日）。

科目汇总表

年　　月　　日　　　　　　　　　　　　　　　　　　　　金额单位：元

会计科目	总账页数	本期发生额		记账凭证起止号数
		借　方	贷　方	
	略			略
合　计				

第十一单元 *Chapter 11*

会 计 监 督

第一节 会计监督的意义

单项选择题

1. 国家会计监督和社会会计监督统称为（ ）。

A. 外部监督 B. 内部监督

C. 财政监督 D. 税务监督

2. 国家会计监督是我国会计监督体系中的一个重要组成部分，其监督的法律依据不包括（ ）。

A. 《中华人民共和国会计法》 B. 《中华人民共和国审计法》

C. 《中华人民共和国税收征收管理法》 D. 《中华人民共和国合同法》

多项选择题

1. 外部会计监督包括（ ）。

A. 社会会计监督 B. 国家会计监督

C. 单位会计机构、会计人员监督 D. 事先监督与事后监督

2. 按照监督的主体不同，会计监督可分为（ ）。

A. 单位内部会计监督 B. 国家会计监督

C. 社会会计监督 D. 审计监督

3. 会计监督按照监督的时间不同，分为（ ）。

A. 事前监督 B. 过程监督

C. 事后监督 D. 事中监督

判断题

1. 没有会计监督，会计核算就失去了保障，二者相辅相成缺一不可。（ ）

2. 事前监督保证单位的经济活动有章可循，因此无需事中监督。（ ）

3. 事中监督为保证会计信息的合法性、合理性打下基础，因此无需事后监督。（　　）

第二节　单位内部会计监督

单项选择题

1. （　　）对本单位的会计工作和会计资料的真实性、完整性负责。

A. 单位负责人　　B. 会计机构负责人

C. 会计主管人员　　D. 会计人员

2. 单位内部会计监督的主体是（　　）。

A. 财政部门　　B. 注册会计师事务所

C. 会计机构和会计人员　　D. 单位负责人

多项选择题

1. 单位内部会计监督的主体有（　　　）。

A. 单位负责人　　B. 会计机构

C. 审计机构　　D. 会计人员

2. 单位内部会计监督的具体内容包括（　　　）。

A. 对原始凭证进行审核监督　　B. 对会计账簿进行监督

C. 对实物、款项进行监督　　D. 对财务会计报告进行监督

判断题

1. 依据《会计法》的规定，会计人员对于不真实、不合法的原始凭证有权不予受理。（　　）

2. 不相容职务的分离与牵制是会计工作岗位内部控制制度的关键。（　　）

3. 内部审计既是对会计资料进行监督审查的有效手段，也是保证会计资料真实完整的重要措施。（　　）

4. 会计机构和会计人员是实施单位内部会计监督的主体，因此，会计人员更对本单位的会计工作和会计资料的真实性、完整性负责。（　　）

实训题

【目的】练习单位内部会计监督。

【资料】环宇公司有四名财会人员，都具备一定的业务能力，水平相当，岗位分工情况如下：会计王艳登记总账；会计李小伟负责差旅费的审批和报销工作；会计张红负责登记明

细账；出纳员赵青负责收付现金、银行存款，登记现金、银行存款日记账，并定期将银行存款日记账余额与银行存款对账单核对。

【要求】分析以上资料并回答环宇公司财会人员在分工上存在哪些问题。

第三节　单位外部会计监督

单项选择题

1. 在会计监督中，行使国家监督的政府部门有财政、税务、人民银行等部门，其中监督主体部门为（　　）。

A. 审计部门　　B. 税务部门

C. 财政部门　　D. 人民银行

2. 税务机关行使会计监督的内容是（　　）。

A. 对单位会计资料进行普遍性监督

B. 对政府机关的财务收支进行监督

C. 对商业银行存、贷款利率高低进行监督

D. 对纳税人纳税行为进行监督

3. 下列项目中，不属于审计机关审计监督的是（　　）。

A. 监督各单位从事会计工作人员是否具备从业资格

B. 对国家建设项目的预算执行情况和决算情况进行审计监督

C. 对国有金融机构的资产、负债、损益情况进行审计监督

D. 对国有企业资产、负债、损益情况进行审计监督

4. 会计的社会监督主体是（　　）。

A. 注册会计师　　B. 会计师

C. 注册税务师　　D. 律师

多项选择题

1. 财政部门在会计监督检查中实施行政处罚的种类有（　　）。

A. 警告　　B. 通报

C. 罚款　　D. 吊销会计从业资格证书

2. 财政部门实施会计监督内容，主要有（　　）。

A. 监督各单位是否依法设置会计账簿

B. 监督各单位的会计资料是否真实、完整

C. 监督各单位的会计核算是否符合法定要求

D. 监督各单位从事会计工作的人员是否具备从业资格

3. 注册会计师的业务范围主要包括（　　）。

A. 依法承办审计业务　　　　　　　　　B. 提供会计管理咨询服务
C. 设置会计制度，担任会计顾问　　　　D. 代理纳税申报

判断题

1. 会计国家监督部门的会计监督权是由国家法律赋予的，具有国家强制性。（　　）
2. 财政部门无权对中外合资企业的会计工作进行检查。（　　）
3. 我国会计社会监督的主体是高级会计师。（　　）

实训题

【目的】 练习外部会计监督。

【资料】 2003 年 5 月，财政部组织驻各地专员办开展了年度全国企业会计信息质量检查。在检查中发现，雪津公司以员工个人名义在银行共开设储蓄账户 26 个，其中活期存款账户 18 个，定期存款账户 8 个，“公款私存”现象严重。

2000 年 4 月至 2003 年 5 月间，雪津公司账外账收入总计为 4. 95 亿元。其中 2000 年 4 至 12 月收取 0. 15 亿元，2001 年收取 1. 23 亿元，2002 年收取 2. 68 亿元，2003 年 1 至 5 月收取 0. 89 亿元。

2000 年 4 月至 2003 年 5 月间，雪津公司在账外账中共列支各种费用 3. 79 亿元，其中包括以付款凭证列支返还经销商的返利款 2. 08 亿元，开具发票列支促销酒款 0. 68 亿元，购买促销品列支 0. 50 亿元，以及宣传费、招待费、外聘人员工资等其他支出 0. 52 亿元。

检查组对该公司违纪行为进行了处罚。

【要求】 分析案例并就下列问题做出回答：

1. 检查属于会计监督中的哪一种？
2. 处罚的依据是什么？

单元检测 1

一、单项选择题

1. 我国会计监督的种类不包括（　　）。
   A. 单位内部监督　　　　　　　　B. 政府监督
   C. 社会监督　　　　　　　　　　D. 单位上级主管部门监督
2. 根据《会计法》的规定，单位内部会计监督的主体是（　　）。
   A. 政府财政部门　　　　　　　　B. 注册会计师及所在会计师事务所
   C. 政府经济主管部门　　　　　　D. 本单位的会计机构和会计人员
3. 单位内部会计监督的对象为（　　）。
   A. 本单位的全部活动

B. 本单位负责人的经济管理行为的合法性

C. 本单位会计人员办理会计核算的合法性

D. 本单位的经济活动

4. 下列不属于单位内部会计监督制度基本要求的是（　　）。

A. 重大经济事项的决策和执行的相互监督相互制约程序应当明确

B. 对会计资料定期进行内部审计的办法和程序应当明确

C. 会计事项相关人员的职责权限应明确

D. 建立会计档案管理制度

5. 会计机构和会计人员发现会计账簿记录与实物、款项及有关资料不相符的，按照国家统一的会计制度的规定有权处理的，应当及时处理；无权处理的，应立即向（　　）报告，请求查明原因，作出处理。

A. 单位负责人　　B. 总会计师

C. 财务处处长　　D. 企业分管会计工作的领导

6. 会计机构、会计人员对违反国家统一会计制度规定的会计事项（　　）。

A. 无权拒绝办理

B. 应当向单位领导人提出书面意见，请求处理

C. 应当向主管单位或者财政、审计、税务机关报告

D. 按照职权予以纠正

7. 单位内部会计监督制度要求，（　　）与经济业务事项和会计事项的审批人员、经办人员、财物保管人员的职责权限应当明确，并相互分离、相互制约。

A. 会计人员　　B. 审计人员

C. 记账人员　　D. 审核人员

8. 会计工作的政府监督主要指（　　）代表国家对单位和单位相关人员的会计行为实施的检查监督。

A. 财政部门　　B. 审计部门

C. 税务部门　　D. 证券监管部门

9.（　　）是指政府有关部门依据法律、行政法规的规定和部门的职责权限，对有关单位的会计行为、会计资料所进行的监督检查。

A. 社会监督　　B. 外部监督

C. 公众监督　　D. 政府监督

10. 财政部实施会计监督的对象是（　　）。

A. 单位的经济活动　　B. 会计行为

C. 单位的会计人员　　D. 单位的会计机构

二、多项选择题

1. 下列各项中，属于会计监督体系的有（　　）。

A. 社会舆论监督

B. 单位内部会计监督

C. 以财政部门为主体的会计工作的政府监督

D. 以注册会计师为主体的会计工作的社会监督

2. 根据《会计法》的规定，下列关于单位内部会计监督的说法，正确的有（　　）。

A. 单位负责人负责单位内部会计监督制度的组织实施，对本单位内部会计监督制度的建立及有效实施承担最终责任

B. 会计机构和会计人员发现会计账簿记录与实物、款项及有关资料不相符的，按照国家统一的会计制度的规定有权自行处理的，应当及时处理；无权处理的，应当立即向单位负责人报告，请求查明原因，作出处理

C. 内部会计监督的主体是各单位的会计机构、会计人员；内部会计监督的对象是本单位的会计行为

D. 记账人员与经济业务事项和会计事项的审批人员、经办人员、财物保管人员的职责权限应当明确，并相互分离、相互制约，这是机构控制和职务控制的基本要求

3. 会计机构、会计人员对违反《会计法》和国家统一的会计制度规定的会计事项，有权（　　）。

A. 隐瞒　　B. 拒绝办理

C. 按照职权予以纠正　　D. 保密

4.《会计法》关于单位内部会计监督制度的规定，实际上体现了内部控制制度的主要内容，包括（　　）等。

A. 职责明确　　B. 相互制约

C. 严格程序　　D. 如实记录

5. 单位内部会计监督制度的基本要求包括：重大的（　　）的决策和执行的相互制约程序应当明确。

A. 对外投资　　B. 资产处置

C. 其他重要经济业务事项　　D. 资金调度

6. 会计监督是会计的基本职能之一，是我国经济监督体系的重要组成部分。以下关于会计监督的说法正确的是（　　）。

A. 会计监督可分为单位内部监督、政府监督和社会监督

B. 财政部门是会计工作政府监督的实施主体

C. 注册会计师接受委托对财务会计报告进行审计属于会计工作的社会监督范畴

D. 单位内部会计监督制度是内部控制制度的重要组成部分

7. 根据《会计法》的规定，除财政部门外，依照有关法律、行政法规规定的职责，对有关单位的会计资料实施监督检查的部门有（　　）。

A. 审计部门　　B. 保险监管部门

C. 人民银行　　D. 证券监督和保险监管

三、判断题

1. 单位内部会计监督，是指为了保护其资产的安全完整，保证其经营活动符合国家法律、法规和内部制度，提高经营管理水平和效率，而在单位内部采取的一系列相互制约、相互监督的制度与方法。（　　）

2. 内部会计监督的主体是各单位的会计机构、会计人员，所以，内部会计监督仅仅是

会计机构、会计人员的事情。（ ）

3. 会计人员对违反《会计法》和国家统一的会计制度规定的事项，有权拒绝办理或按照职权予以纠正。（ ）

4. 为了丰富工作内容和节约成本，会计工作和出纳工作可以由同一人兼任。（ ）

5. 记账人员与经济业务事项和会计事项的审批人员、经办人员、财物保管人员的职责权限应当明确，并相互分离、相互制约。（ ）

6. 会计工作的政府监督是一种外部监督，只有财政部门是会计工作的政府监督主体。（ ）

单元检测 2

一、单项选择题

1. 会计监督的对象是（ ）。

A. 本单位的会计机构　　B. 本单位的会计人员

C. 本单位的经济活动　　D. 本单位的负责人

2. 根据《会计基础工作规范》和《内部会计控制规范（试行)》的规定，各单位内部会计监督的主体是（ ）。

A. 本单位的会计机构和会计人员　　B. 本单位的审计机构和审计人员

C. 本单位的会计机构　　D. 本单位的审计机构

3. （ ）对单位内部会计监督制度的建立及有效实施承担最终责任。

A. 单位负责人　　B. 财务处处长

C. 总会计师　　D. 分管会计工作的副经理

4. 会计机构、会计人员发现会计账簿与实物、款项及有关资料不相符的，应（ ）。

A. 向当地财政部门报告，由财政部门进行处理

B. 提交单位负责人进行处理

C. 自行处理

D. 根据国家统一的会计制度的规定，有权自行处理的应及时处理，无权处理的应立即向单位负责人报告

5. 下列说法中，错误的是（ ）。

A. 任何单位和个人有权检举违法违纪行为

B. 收到检举的部门，有权处理的，应依法及时处理

C. 收到检举的部门，无权处理的，应及时移送有权处理的部门处理

D. 为证实检举的真实性，收到检举的部门可以公开检举人的资料

6. 记账人员与经济业务事项和会计事项的经办人员的职责权限应当明确，并（ ）相互制约。

A. 相互协调　　B. 相互协商

C. 相互配合　　D. 相互分离

7.《会计法》的执行主体和会计工作的政府监督实施主体是（　　）。

A. 审计部门　　B. 工商行政管理部门

C. 财政部门　　D. 税务部门

8. 审计、税务、证券监管、人民银行、保险监管部门，按照规定的职责权限，可以对单位的（　　）实施监督检查。

A. 会计资料　　B. 会计行为

C. 经济活动　　D. 会计人员

9. 会计工作的社会监督主要是指由（　　）依法对委托单位的经济活动进行的审计、鉴证的一种监督制度。

A. 法院　　B. 财政部门

C. 税务部门　　D. 注册会计师及其所在的会计师事务所

二、多项选择题

1. 单位内部会计监督的主体有（　　）。

A. 会计机构　　B. 会计人员

C. 企业职工　　D. 企业领导

2. 根据《会计法》的规定，下列各项中，属于会计人员监督职权的有（　　）。

A. 对违反《会计法》和国家统一的会计制度规定的会计事项，有权拒绝办理或者按照职权予以纠正

B. 发现会计账簿记录与实物、款项及有关资料不相符的，按照国家统一的会计制度的规定有权自行处理的，应当及时处理；无权处理的，应当立即向单位负责人报告，请求查明原因，作出处理

C. 办理企业合并、分立、清算事宜中的审计业务，出具有关报告

D. 监督单位从事会计工作的人员是否具备会计从业资格

3. 下列属于内部会计监督制度基本要求的有（　　）。

A. 重大经济事项的决策和执行程序应当明确

B. 对会计资料定期进行内部审计的办法和程序应当明确

C. 建立会计档案管理制度

D. 会计事项相关人员的职责权限应明确

4. 单位内部会计监督制度的基本要求包括：记账人员与经济业务事项和会计事项的（　　）的职责权限应当明确，相互制约。

A. 会计人员　　B. 审批人员

C. 经办人员　　D. 财物保管人员

5. 关于单位负责人在内部会计监督中的职责，下列表述中正确的有（　　）。

A. 单位负责人必须事事参与，严格把关

B. 单位负责人对会计资料的真实性、完整性负责

C. 不能授意、指使、强令会计人员办理违法事项

D. 必须保证内部监督制度的建立和健全，并发挥其有效的作用

6. 会计工作的政府监督主体主要有（　　）。

A. 财政部门　　B. 审计部门

C. 税务部门　　D. 会计师事务所

7. 根据《会计法》的规定，除各级政府财政部门外，（　　）等部门也有权依法对有关单位的会计资料实施监督检查。

A. 政府审计　　B. 政府税务

C. 人民银行　　D. 证券监督和保险监管

三、判断题

1. 会计机构、会计人员发现会计账簿记录与实物、款项及有关资料不相符的，按照国家统一的会计制度的规定无权处理的，应当立即向会计机构负责人报告，请求查明原因，作出处理。（　）

2. 任何单位和个人有权检举违法违规行为。（　）

3. 相对于单位内部会计监督而言，外部会计监督是指注册会计师依法接受委托从事的独立审计。（　）

4. 出纳人员不得兼任稽核和收入、费用、债权债务账目的登记工作，但可以兼管会计档案保管工作。（　）

5. 实行单位内部会计控制，除单位负责人以外，任何个人都不得拥有超越内部会计控制的权力。（　）

6. 会计工作的政府监督，主要是指财政部门代表国家对各单位相关人员的会计行为实施的监督检查。（　）

7. 会计工作的社会监督，主要是指由注册会计师及其所在的会计师事务所依法对受托单位的经济活动进行审计、鉴证的一种监督制度。（　）

第十二单元 *Chapter 12*

会计工作管理

第一节　会计核算信息的质量要求

单项选择题

1. 会计核算的基本前提是（　　）。

A. 会计目标　　B. 会计假设

C. 会计原则　　D. 会计要素

2. 企业会计核算应当以（　　）为基础。

A. 收付实现制　　B. 权责发生制

C. 永续盘存制　　D. 实地盘存制

3. （　　）要求企业提供的会计信息应当清晰明了，便于财务会计报告使用者理解和使用。

A. 客观性原则　　B. 重要性原则

C. 可比性原则　　D. 明晰性原则

4. 会计核算过程中，要按照交易事项的经济实施进行会计确认、计量和报告，而不能仅以交易事项外在的法律形式为依据，这是（　　）的要求。

A. 实质重于形式原则　　B. 重要性原则

C. 可比性原则　　D. 谨慎性原则

5. 某厂4月份销售甲产品一批，货款计10 000元，5月份收回；4月份销售乙产品一批，货款25 000元，已收讫；4月份收到上月赊销给凌云公司的甲产品货款20 000元。按照权责发生制的原则，该厂4月份的收入应为（　　）。

A. 55 000元　　B. 35 000元

C. 45 000元　　D. 5 000元

6. 某企业1月份发生下列支出：（1）支付本年度保险费12 000元；（2）支付去年第4季度借款利息8 000元；（3）支付本年度报刊杂志订阅费6 000元。按照权责发生制原则，该企业1月份应负担的费用为（　　）。

A. 18 000元　　B. 26 000元

C. 1 500元　　D. 3 000元

多项选择题

1. 会计工作的组织管理主要包括（　　　）。

A. 会计工作管理体制　　B. 会计法规和制度

C. 会计机构和会计人员　　D. 会计核算基础

2. 可比性原则是指（　　　）应当一致。

A. 会计处理方法　　B. 会计指标计算口径

C. 规模不同企业　　D. 规模相同企业

3. 按照权责发生制原则，下列销售业务中，属于本期销售收入的有（　　　）。

A. 本月向甲单位发出商品一批，货款尚未收到

B. 上月销售乙单位产品一批，货款本月收到

C. 上月预收丙单位货款，本月发出商品

D. 预收丁单位货款，产品尚未发出

4. 下列各项属于会计核算一般原则的是（　　　）。

A. 谨慎性原则　　B. 权责发生制原则

C. 货币计量原则　　D. 可比性原则

5. 下列项目中，属于谨慎性原则的具体表现是（　　　）。

A. 固定资产折旧采用加速折旧法

B. 对应收账款计提坏账准备

C. 对影响决策的经济业务进行重点核算

D. 会计处理方法前后期保持一致

判断题

1. 可靠性原则，要求会计核算应当以实际发生的交易、事项为依据进行会计确认、计量和报告，如实反映符合确认和计量要求的各项会计要素及其他相关信息，保证会计信息真实可靠，内容完整。（　）

2. 可比性原则要求企业提供的会计信息应当清晰明了，便于财务会计报告使用者理解和使用。（　）

3. 实质重于形式原则要求会计核算过程中，要按照交易、事项的经济实质进行会计确认、计量和报告。（　）

4. 谨慎性原则要求企业对交易、事项进行会计确认、计量和报告时，应当保持应有的谨慎，不应高估资产或者收益、低估负债或者费用，并设置秘密准备。（　）

第二节　会计法律制度和会计管理体制

单项选择题

1. （　　）是调整我国经济生活中会计关系的法律规范，是指导会计工作的最高准则。

A. 《会计法》　　B. 《企业会计准则——基本准则》

C. 《企业财务会计报告条例》　　D. 《宪法》

2. 下列属于会计行政法规的是（　　）。

A. 《会计法》　　B. 《企业会计准则——基本准则》

C. 《企业财务会计报告条例》　　D. 《宪法》

3. （　　）是我国会计工作的主管部门。

A. 财政部门　　B. 税务部门

C. 国务院　　D. 审计部门

多项选择题

1. 我国会计法律规范体系主要包括（　　　）。

A. 会计法律　　B. 会计行政法规

C. 会计部门规章　　D. 税收法律

2. 会计工作管理体制，即国家管理会计工作的组织形式，是划分管理会计工作职责权限的制度，包括（　　　）。

A. 会计工作管理部门　　B. 管理权限划分

C. 会计信息质量要求　　D. 会计档案管理

判断题

1. 国家统一的会计制度由国务院统一制定并公布。（　　）

2. 国家统一的会计制度制定的依据是《会计法》所确定的基本原则和要求。（　　）

3. 《会计法》是会计核算工作规范体系中的最高层次，由财政部制定、发布和监督执行。（　　）

4. 《会计法》是调整我国经济生活中会计关系的法律规范，是指导会计工作的最高准则。（　　）

第三节　会计机构和会计人员管理

单项选择题

1. 下列岗位，不属于会计岗位的是（　　）。

A. 出纳　　B. 工资核算

C. 成本核算　　D. 内部核算

2. 按《会计法》规定，会计机构负责人的任职资格中，对专业技术资格和工作经历要求（　　）。

A. 应当具备高级会计师专业技术资格

B. 应当具备会计师以上专业技术资格

C. 具备会计师以上专业技术资格或者从事会计工作 3 年以上的经历

D. 具备助理会计以上专业技术资格或者从事会计工作 3 年以上经历

3. 在一些规模小、会计业务简单的单位，可以（　　）。

A. 单独设置会计机构　　B. 在有关机构中配备专职会计人员

C. 在单位领导机构中设置会计人员　　D. 不进行会计核算

4. 在大中型企业中，领导和组织企业会计工作和经济核算工作的是（　　）。

A. 厂长　　B. 注册会计师

C. 高级会计师　　D. 总会计师

5. 会计职业道德是一种（　　）。

A. 强制性规范　　B. 法律规范

C. 非强制性规范　　D. 职业道德

多项选择题

1. 一般情况下，各单位应单独设置会计机构的是（　　　）。

A. 单位规模较大　　B. 财务收支数额较大

C. 业务繁多　　D. 单位规模较小

2. 会计核算工作组织形式包括（　　　）。

A. 全面核算　　B. 专业核算

C. 集中核算　　D. 非集中核算

判断题

1. 任何单位不论经济业务的繁简、规模大小，都必须设置会计机构和配备必要的会计人员。（　　）

2. 对于不具备设置会计机构条件的单位，应由代理记账业务的机构完成其会计工作。（　）

3. 集中核算就是整个企业的主要会计工作都集中在厂部一级会计部门进行。（　）

4. 会计人员只要掌握了会计专业知识和技能，就能开展好会计工作。（　）

5. 一切企业都必须设置总会计师，组织和领导本企业的会计工作和经济核算工作。（　）

6. 会计岗位可以是一人一岗，或一人多岗，因此，出纳人员可以兼任稽核和会计档案保管。（　）

7. 会计职业道德是一种强制性规范。（　）

第四节　会计档案管理

单项选择题

1. 现金和银行存款日记账按规定应（　）。

A. 保管 5 年　　B. 保管 10 年

C. 保管 30 年　　D. 永久保管

2. 年度会计报表的保管期限为（　）。

A. 30 年　　B. 10 年

C. 5 年　　D. 永久

多项选择题

1. 属于永久保管的会计档案有（　）。

A. 年度财务报告　　B. 季度财务报告

C. 总账和明细账　　D. 会计档案保管清册

2. 下列各项中属于其他类会计档案的有（　）。

A. 固定资产卡片　　B. 银行存款余额调节表

C. 银行对账单　　D. 会计档案移交清册

3. 会计档案包括（　）。

A. 会计凭证类　　B. 会计账簿类

C. 财务报告类　　D. 其他类

4. 会计档案的定期保管期限有（　）。

A. 3 年　　B. 5 年

C. 10 年　　D. 30 年

判断题

1. 银行对账单不属于会计凭证，因而也就不属于会计档案。（　）

2. 对保管期满但尚未结清的债权、债务的原始凭证和涉及其他未了事项的原始凭证应予以销毁。（　　）

3. 正在项目建设期间的建设单位，其保管期满的会计档案不得销毁。（　　）

4. 加强会计职业道德建设只是某一个单位、某一个部门的任务。（　　）

单元检测 1

一、单项选择题

1. 下列各项中，不属于会计信息质量要求的是（　　）

A. 会计政策一经确定不得随意变更

B. 会计处理应当注意经济交易或事项的经济实质

C. 会计处理应当以实际发生的交易或事项为依据

D. 会计处理应当合理划分收益性支出与资本性支出的界限

2. 会计核算前后各期指标口径应一致符合（　　）要求。

A. 相关性　　B. 谨慎性

C. 权责发生制　　D. 可比性

3. 下列各项中，属于国家权力机关和行政机关制定的，用于调整会计关系的各种法律、法规、规章和规范性文件的是（　　）。

A. 会计法律制度　　B. 税收法律制度

C. 会计制度　　D. 地方性法规

4. 下列各项中，对会计工作有管理权限的是（　　）。

A. 税务局　　B. 财政部

C. 中国人民银行　　D. 证券监督管理委员会

5. 下列关于会计机构设置的表述，不正确的是（　　）。

A. 不具备设置条件的，应当委托经批准设立从事会计代理记账业务的中介机构代理记账

B. 企业必须设置会计机构

C. 可以不设置会计机构，在有关会计机构中设置会计人员并指定会计主管人员

D. 各单位根据业务的需要，设置会计机构

6. 会计职业道德的基础是（　　）。

A. 参与管理　　B. 爱岗敬业

C. 强化服务　　D. 坚持准则

二、多项选择题

1. 下列各种会计处理方法中，能够体现会计信息质量谨慎性要求的有（　　）。

A. 固定资产采用双倍余额递减法计提折旧

B. 交易性金融资产按公允价值计量

C. 期末存货采用成本与可变现净值孰低计量

D. 采用实际成本核算材料成本

2. 下列各项中，属于我国会计法律制度的有（　　）。

A. 会计法律　　B. 会计行政法规

C. 会计部门规章　　D. 地方性会计法规

3. 下列各项中，不属于“爱岗敬业”的基本要求的有（　　）。

A. 实事求是，不偏不倚　　B. 公私分明，不贪不占

C. 安心工作，任劳任怨　　D. 严肃认真，一丝不苟

4. 下列各项中，属于会计报表的有（　　）。

A. 资产负债表　　B. 利润表

C. 现金流量表　　D. 年度生产计划表

三、判断题

1. 可靠性要求强调会计信息的真实性，但并不要求也不可能做到会计信息百分百地符合客观实际。（　　）

2. 企业提供的会计信息应当有助于会计信息使用者对企业过去、现在或者未来的情况作出评价或者预测。（　　）

3. 企业将融资租入固定资产视同自有固定资产予以确认、计量和报告，主要体现了会计信息质量的重要性要求。（　　）

4. 可比性要求不同企业之间发生的所有交易或者事项，应当采用一致的会计政策，以确保会计信息口径一致、互相可比。（　　）

5. 会计主管人员是指不单独设置会计机构的单位里，负责组织管理会计事务、行使会计机构负责人职权的负责人。（　　）

6. 会计职业道德是指在会计职业活动中应遵循的、体现会计职业特征的、调整会计职业关系的职业行为准则和规范。（　　）

7. 财务会计报告的会计中期是指月度、季度和半年度。（　　）

单元检测 2

一、单项选择题

1. 在会计核算过程中，会计处理方法前后各期（　　）。

A. 应当一致，不得随意变更　　B. 可以变动，但须经过批准

C. 可以任意变动　　D. 应当一致，不得变动

2. 下列各项中，属于国务院用来调整我国经济生活中某些方面会计关系的法律规范的是（　　）。

A. 会计法律　　B. 会计行政法规

C. 会计部门规章　　D. 地方性会计法规

3. 下列各项中，会计法律制度层次最高的是（　　）。

A. 会计行政法规　　B. 会计法律

C. 会计部门规章　　D. 地方性会计法规

4. 下列各项中，属于行使会计工作管理职权的政府部门是（　　）。

A. 税务部门　　B. 财政部门

C. 审计部门　　D. 证券监管部门

5. 根据有关规定对本单位货币资金内部控制的建立健全和有效实施以及货币资金的安全完整负责的是（　　）。

A. 单位负责人　　B. 会计机构负责人

C. 出纳　　D. 总会计师

6. 担任单位会计机构负责人，除了具备会计师以上专业技术职务资格或者拥有从事会计工作 3 年以上经历外，还要具备的条件是（　　）。

A. 取得注册会计师资格证书　　B. 取得会计师资格证书

C. 取得助理会计师资格证书　　D. 取得会计从业资格证书

7. 下列关于会计机构负责人（会计主管人员）的表述中，不符合我国会计法律制度规定的是（　　）。

A. 会计机构负责人是指在一个单位内部具体负责会计工作的中层领导人员

B. 设置会计机构的单位，应当配备会计机构负责人

C. 在有关机构中配备专职会计人员的，应该在专职会计人员中指定会计主管人员

D. 在有关机构中配备专职会计人员的，不一定指定会计主管人员

8. 下列各项中，不符合担任总会计师条件的是（　　）。

A. 坚持原则，廉洁奉公

B. 身体健康

C. 主管一个单位或者单位内部一个重要方面的财务会计工作的时间不少于三年

D. 有较高的理论政策水平

9. 会计职业道德的内在要求是（　　）。

A. 廉洁自律　　B. 爱岗敬业

C. 强化服务　　D. 坚持准则

10. 单位会计机构负责人应当具备会计师以上专业技术职务资格或者拥有一定年限以上从事会计工作的经历，该一定年限是（　　）。

A. 5 年　　B. 10 年

C. 3 年　　D. 1 年

11. 下列各项中，属于各单位加强现金和银行存款管理的重要账簿是（　　）。

A. 日记账　　B. 总账

C. 明细账　　D. 备查账簿

二、多项选择题

1. 为了充分体现会计信息质量的及时性要求，企业正确的做法应当有（　　　）。

A. 及时收集整理各种会计凭证

B. 对已经发生的交易或事项及时进行确认

C. 对已经发生的交易或事项及时进行计量

D. 及时编制并对向使用者报送相关的财务报告

2. 下列各项中，属于会计部门规章的有（　　）。

A.《财政部门实施会计监督办法》　　B.《会计法》

C.《企业会计准则——基本准则》　　D.《会计从业资格管理办法》

3. 甲股份有限公司会计赵某不仅熟悉会计电算化业务，而且对利用现代信息技术手段加强经营管理颇有研究，“非典”期间，赵某向公司总经理建议，开辟网上业务洽谈，并实行优惠的折扣政策。公司采购了赵某的建议，当期销售额克服“非典”影响，公司业务得到了快速增长，赵某的行为体现出的会计职业道德有（　　）。

A. 参与管理　　B. 爱岗敬业

C. 强化服务　　D. 坚持准则

4. 下列各项中，属于应当设置的会计账簿有（　　）。

A. 总账　　B. 明细账

C. 日记账　　D. 其他辅助性账簿

三、判断题

1. 为了满足会计信息的可靠性要求，企业绝对不能随意遗漏或者减少应予披露的信息，无论其信息对使用者决策作用的大小。（　　）

2. 根据相关性要求，企业提供的会计信息应当与企业管理当局的意图相互关联，即会计信息应当满足企业管理当局的管理要求。（　　）

3. 尽管从法律形式上看，母公司和子公司属于不同的法律主体，但从母公司及其子公司之间发生的经济活动的实质上看，只有将其作为一个会计主体才能通过编制的合并报表反映集团整体的财务状况、经营成果和现金流量。因此，将母公司及其子公司组成的企业集团作为一个会计主体，体现了实质重于形式的要求。（　　）

4. 重要性要求会计人员从经济业务或会计事项的性质上判断其重要程度，并进行不同的会计处理，对于经济业务或会计事项的金额则无需考虑。（　　）

5. 根据需要，单位的货币资金业务全过程可以由一人办理。（　　）

6. 会计资料做到完整性要求，便于会计报表的使用者准确全面地了解一个单位的经济活动情况。（　　）

第二部分　综合模拟试卷

模拟试卷（一）

一、单项选择题（每题1分，共20分）

1. 符合负债账户记账规则的是（　　）。

A. 增加记贷方　　B. 减少记贷方

C. 增加记借方　　D. 余额在借方

2. 某企业“应付账款”账户期末贷方余额为460 000元，本月借方发生额为300 000元，贷方发生额为580 000元，则期初余额为（　　）。

A. 1 600 000元　　B. 180 000元

C. 28 0 000元　　D. 120 000元

3. 如果企业不设“预付账款”账户，则发生的少量预付账款业务应在（　　）账户核算。

A. “应收账款”　　B. “预收账款”

C. “应付账款”　　D. “其他应付款”

4. 下列关于所有者权益说法不正确的是（　　）。

A. 所有者权益是一种剩余权益

B. 所有者权益在数量上等于资产减去负债后的余额

C. 所有者权益就是实收资本（或股本）

D. 收入的增加会导致所有者权益的增加

5. 从银行提取现金，登记现金日记账的依据是（　　）。

A. 现金收款凭证　　B. 现金付款凭证

C. 银行存款付款凭证　　D. 银行存款收款凭证

6. 投资者投入设备一台，该项经济业务引起（　　）。

A. 一项资产增加，一项负债增加　　B. 一项资产增加，一项所有者权益增加

C. 一项资产增加，一项资产减少　　D. 一项资产增加，一项负债减少

7. 银行存款的账实核对就是将银行存款日记账的余额与（　　）核对。

A. 银行存款的收付款凭证　　B. 总账中的银行存款账
C. 银行对账单　　D. 银行金库中存款的实有数

8. 车间管理人员的工资分配时应记入（　　）账户。
A. “管理费用”　　B. “制造费用”
C. “生产成本”　　D. “库存商品”

9. 结账前会计人员发现，根据记账凭证记账时把金额 4 800 元写为 5 800 元，更正时，应采用的正确方法是（　　）。
A. 红字冲销法　　B. 划线更正法
C. 补充登记法　　D. 消除字迹法

10. 不属于总分类账和明细分类账平行登记要点的是（　　）。
A. 方向相同　　B. 方法相同
C. 金额相同　　D. 期间相同

11. 某企业资产总额为 200 万元，负债总额为 40 万元，在将 20 万元负债转为投入资本后，所有者权益为（　　）。
A. 140 万元　　B. 180 万元
C. 160 万元　　D. 200 万元

12. 原始凭证是在经济业务（　　）时取得或填制的。
A. 填制记账凭证　　B. 发生或完成
C. 登记明细账　　D. 编制原始凭证汇总表

13. 红色墨水在下列（　　）情况下不得使用。
A. 冲销错账　　B. 突出重要数据
C. 表示反方向　　D. 结账划线

14. 生产产品领用材料应填制（　　）。
A. 付款凭证　　B. 收款凭证
C. 转账凭证　　D. 科目汇总表

15. 实物清查不能用的方法是（　　）。
A. 逐一清点法　　B. 技术推算盘点法
C. 核对账目法　　D. 实地盘点法

16. 对于现金及银行存款日记账，月末结账时应在“本月合计”栏划（　　）。
A. 上下通栏单红线　　B. 下面通栏单红线
C. 下面划双红线　　D. 金额栏内划单红线

17. 下列项目不属于会计要素的是（　　）。
A. 资产　　B. 所有者权益
C. 收入　　D. 成本

18. 关于试算平衡表说法正确的是（　　）。
A. 试算平衡表是检查账户记录的唯一方法
B. 试算平衡表如果平衡，说明账户记录肯定无错误
C. 试算平衡表如果不平衡，说明账户记录有错误
D. 试算平衡表通过试算，可以检查账户记录的各种错误

19. 对序时账和分类账中不能记载的各项，需要进行补充登记的账簿是（　　）。

A. 日记账　　B. 总分类账

C. 备查账　　D. 卡片账

20. 在借贷记账法下，账户的借方表示（　　）。

A. 资产的增加和负债的减少　　B. 负债的增加和资产的减少

C. 收入的增加和负债的减少　　D. 利润和所有者权益的增加

二、多项选择题（每题 2 分，共 40 分）

1. 下列属于流动负债的有（　　）。

A. 长期借款　　B. 应付票据

C. 应付职工薪酬　　D. 所得税费用

2. 所有者权益包括（　　）。

A. 实收资本　　B. 未分配利润

C. 资本公积　　D. 盈余公积

3. 总分类账户与明细分类账户平行登记要求做到（　　）。

A. 会计凭证相同　　B. 借贷方向相同

C. 会计期间相同　　D. 金额相同

4. 下列情况，可以使用红色墨水记账的有（　　）。

A. 在不设借贷等栏的多栏式账页中，登记增加数

B. 在不设借贷等栏的多栏式账页中，登记减少数

C. 在三栏式账户的余额栏前，如未印明余额方向的，在余额内登记正数余额

D. 在三栏式账户的余额栏前，如未印明余额方向的，在余额内登记负数余额

5. 会计账簿的基本内容有（　　）。

A. 封面　　B. 扉页

C. 账页　　D. 标签

6. 下列账户属于成本类的有（　　）。

A. “制造费用”　　B. “生产成本”

C. “管理费用”　　D. “原材料”

7. 下列有关会计的说法中，正确的有（　　）。

A. 本质上是一种经济管理活动　　B. 对经济活动进行核算和监督

C. 以货币为主要计量单位　　D. 核算特定主体的经济活动

8. 编制“银行存款余额调节表”时，应调整企业银行存款日记账余额的业务包括：（　　）。

A. 企业已收，银行未收　　B. 企业已付，银行未付

C. 银行已收，企业未收　　D. 银行已付，企业未付

9. 在借贷记账法的试算平衡中，平衡的公式有（　　）。

A. 借方科目金额 = 贷方科目金额

B. 借方期末余额 = 借方期初余额 + 本期借方发生额 − 本期贷方发生额

C. 全部账户借方发生额合计 = 全部账户贷方发生额合计

D. 全部账户的借方余额合计 = 全部账户的贷方余额合计

10. 在下列项目中，属于费用账户的有（　　）。

A. “销售费用”　　B. “制造费用”

C. “财务费用”　　D. “管理费用”

11. 下列各项属于企业会计核算具体内容的有（　　）。

A. 款项和有价证券的收付　　B. 财产物资的收发、增减和使用

C. 债权债务的发生和结算　　D. 财务成果的计算和处理

12. 填制原始凭证时，下列符合书写要求的有（　　）。

A. 阿拉伯金额数字前面应当书写货币币种符号

B. 币种符号与阿拉伯金额数字之间不得留有空白

C. 大写金额有分的，分字后面要写“整”或“正”字

D. 汉字大写金额可以用简化字代替

13. 下列项目中，属于不定期并且全面清查的有（　　）。

A. 单位合并、撤销以及改变隶属关系　　B. 年终决算之前

C. 企业股份制改制前　　D. 单位主要领导调离时

14. 下列关于会计账户和会计科目的说法正确的有（　　）。

A. 会计科目是开设账户的依据，账户的名称就是会计科目

B. 二者都是对会计对象具体内容的科学分类，口径一致，性质相同

C. 没有账户，会计科目就无法发挥作用

D. 会计科目不存在结构，账户则具有一定的格式和结构

15. 财务报告可以提供（　　）信息。

A. 财务状况　　B. 现金流量

C. 经营成果　　D. 劳动生产率

16. 下列属于“货币资金”的有（　　）。

A. 库存现金　　B. 银行存款

C. 外埠存款　　D. 应收票据

17. 下列各选项中不包括在企业利润总额中的有（　　）。

A. 营业利润　　B. 营业外收入

C. 所得税费用　　D. 应收账款

18. 以下不属于会计凭证的有（　　）。

A. 经济合同　　B. 材料请购单

C. 生产通知单　　D. 领料单

19. 企业会计档案中，根据规定不必永久保存的有（　　）。

A. 总账　　B. 会计档案保管清册

C. 年度财务决算报告　　D. 汇总凭证

20. 下列属于对账工作内容的是（　　）。

A. 账证核对　　B. 账账核对

C. 账实核对　　D. 账表核对

三、判断题（每题 1 分，共 20 分）

1. 资产既包括过去的交易或事项形成的，也包括未来发生的交易或事项形成的经济资源。（　　）

2. 试算平衡表平衡不一定表示记账没有错误；试算平衡表不平衡，说明记账一定有错误，应进一步检查。（　　）

3. 在科目汇总表账务处理程序下，科目汇总表既可以按月编制，也可以定期（10 天、半个月）编制。（　　）

4. “待处理财产损益”账户的借方登记财产物资的盘盈数和盘亏毁损的转销数。（　　）

5. 会计分录的编写是否正确是记账凭证审核的一项重要内容。（　　）

6. 资产负债表是主表，而利润表和利润分配表都是附表。（　　）

7. 已归档的会计档案，按规定一般不准外借。（　　）

8. 在我国，会计年度一般采用日历年度，即从每年的 1 月 1 日至 12 月 31 日为一个会计年度。（　　）

9. 所得税费用不会影响营业利润。（　　）

10. 收款凭证可分为现金收款凭证和银行存款收款凭证。（　　）

11. 所有的记账凭证都要附原始凭证。（　　）

12. 核算和监督是会计的基本职能，二者相辅相成，辩证统一。（　　）

13. 财务会计报告包括财务报表及其附注和其他应当在财务会计报告中披露的相关信息和资料。（　　）

14. 复合会计分录可以分解成若干个简单的会计分录。（　　）

15. 总分类账户对明细分类账户具有补充说明的作用，而明细分类账户对总分类账户具有统驭的作用。（　　）

16. 会计主体指会计所核算和监督的内容。（　　）

17. 资产负债表中，负债项目一般按照金额的大小顺序排列。（　　）

18. 原始凭证金额有错误的应采用划线更正法进行更正。（　　）

19. 利润表反映企业在一定会计期间的经营成果，因此属于静态报表。（　　）

20. 定期清查是按事先计划确定好的时间对财产物资进行的清查。这种清查一般在会计期末结账时进行，如年末、季末、月末进行。（　　）

四、综合分析题（共 10 分）

正兴公司 10 月 31 日银行存款日记账余额为 70 000 元，银行对账单的存款余额为 73 150 元，经过双方逐笔核对后，发现存在以下未达账项：

（1）公司因采购材料开出转账支票一张，金额为 2 000 元，公司已入账，但持票人尚未到银行办理转账手续。

（2）公司因销售商品收到购货方开来的转账支票一张，金额为 5 800 元，将支票送存银行后公司做收入入账，但是银行尚未办理入账手续。

（3）公司委托银行代收外地销售货款 12 000 元，银行已收款入账，但公司尚未收到收款通知。

（4）银行代为支付本月水电费 5 000 元，已入账，但是公司尚未收到付款通知。

（5）银行代为支付本月电话费 1 000 元，已入账，但是公司尚未收到付款通知。

要求：根据上述资料，完成以下“银行存款余额调节表”的编制。

银行存款余额调节表

项目	金额	项目	金额
企业银行存款日记账余额	70 000	银行对账单余额	72 200
加：银行已收企业未收的款项合计	12 000	加：企业已收银行未收的款项合计	（3）（　　）
减：银行已付企业未付的款项合计	（1）（　　）	减：企业已付银行未付的款项合计	（4）（　　）
调节后余额	（2）（　　）	调节后余额	（5）（　　）

五、业务题（编制会计分录，共 10 分）

1. 企业购入原材料一批，货款 10 000 元，增值税 1 300 元，以银行存款支付 6 000 元，其余款项尚未支付，材料已经入库。

2. 企业向银行借入期限 9 个月的借款 160 000 元。

3. 计提固定资产折旧 20 000 元，其中：生产车间固定资产折旧 14 500 元，企业管理部门固定资产折旧 5 500 元。

4. 月末结转制造费用 7 400 元。

5. 月末结转完工产品成本 86 000 元。

模拟试卷（二）

一、单项选择题（每题 1 分，共 20 分）

1. 借贷记账法下，可以在账户贷方登记的是（　　）。
A. 资产的增加　　B. 负债的减少
C. 收入的减少　　D. 费用的减少

2. 下列符合负债类账户记账规则的是（　　）。
A. 增加记借方　　B. 增加记贷方
C. 减少记贷方　　D. 期末无余额

3. 会计的基本职能包括（　　）。
A. 核算与监督　　B. 参与经济决策
C. 预测经济前景　　D. 评价经营业绩

4. 资产负债表是反映企业某一特定日期（　　）的报表。
A. 经营成果　　B. 财务状况
C. 营运资金　　D. 资本运营

5. 下列不是记账凭证基本内容的是（　　）。
A. 记账标记　　B. 填制单位签章
C. 填制日期　　D. 凭证编号

6. 某单位会计部第 8 号经济业务的一笔分录需填制两张记账凭证，则这两张凭证的编号为（　　）。
A. 8，9　　B. $9\frac{1}{2}$，$9\frac{2}{2}$
C. $8\frac{1}{2}$，$8\frac{2}{2}$　　D. $8\frac{1}{2}$，$9\frac{2}{2}$

7. 三栏式账簿是设置有（　　）三个基本栏目的账簿。
A. 日期、摘要、余额　　B. 日期、借方、贷方
C. 摘要、借方、贷方　　D. 借方、贷方、余额

8. 在我国，单位一般只针对（　　）采用卡片账形式。
A. 库存商品明细账　　B. 银行存款日记账
C. 应交增值税明细账　　D. 固定资产明细账

9. 不同账务处理程序的主要区别在于（　　）。
A. 登记总分类账户的依据不同　　B. 会计凭证的传递方法不同
C. 登记明细分类账户的依据不同　　D. 会计分工不同

10. 下列不属于财产清查方法的是（　　）。
A. 实地盘点法　　B. 发函询证

C. 技术推算法　　D. 永续盘存法

11. 企业银行存款日记账与银行对账单的核对，属于（　　）。

A. 账证核对　　B. 账实核对

C. 账账核对　　D. 账表核对

12. 对现金进行盘点和核对，属于（　　）。

A. 全面清查和不定期清查　　B. 全面清查和定期清查

C. 局部清查和不定期清查　　D. 局部清查和定期清查

13. 会计分录的基本内容不包括（　　）。

A. 应记账户的名称　　B. 应记账户的方向

C. 应记账户的金额　　D. 应记入账的时间

14. 下列保管期限为 30 年的会计档案是（　　）。

A. 银行存款余额调节表　　B. 银行对账单

C. 银行存款日记账　　D. 会计档案保管清册

15. 企业固定资产可以按照其价值和使用情况，确定采用某一方法计提折旧，它所依据的会计核算前提是（　　）。

A. 会计主体　　B. 持续经营

C. 会计分期　　D. 货币计量

16. 下列各项中，属于企业的主营业务收入的是（　　）。

A. 销售商品收入　　B. 材料销售收入

C. 转让无形资产使用权收入　　D. 包装物出租收入

17. 下列经济活动中，引起资产和负债同时减少的是（　　）。

A. 以银行存款偿付前欠货款　　B. 以现金支付办公费用

C. 购买材料货款尚未支付　　D. 收回应收账款

18. 期间费用不包括（　　）项目。

A. 销售费用　　B. 制造费用

C. 管理费用　　D. 财务费用

19. 存货盘盈核查后应（　　）。

A. 冲减存货成本　　B. 冲减管理费用

C. 计入其他业务收入　　D. 计入营业外收入

20. 下列不能作为原始凭证的有（　　）。

A. 发料凭证汇总表　　B. 银行存款余额调节表

C. 现金盘点报告表　　D. 制造费用分配表

二、多项选择题（每题 2 分，共 40 分）

1. 在借贷记账法下，“预付账款”账户的借方不反映的是（　　）。

A. 企业债务的产生　　B. 企业债务的增加

C. 企业债权的产生　　D. 企业债权的收回

2. 下列经济业务应该编制转账凭证的是（　　）。

A. 生产产品领用材料
B. 产品加工完毕，验收入库
C. 购入设备一台，款项未付
D. 以银行存款预付保险费

3. 下列一般应采用三栏式明细账的账户是（　　）。
A. “应收账款”明细账
B. “原材料”明细账
C. “应付账款”明细账
D. “生产成本”明细账

4. 下列经济业务会引起资产总额发生变化的有（　　）。
A. 到银行提取现金
B. 购入材料 50 000 元，货款未付
C. 投资者投入设备一台
D. 以银行存款归还前欠货款

5. 记账凭证审核的内容包括（　　）。
A. 内容是否真实
B. 项目是否齐全
C. 会计科目、金额是否正确
D. 书写是否正确

6. 某企业销售产品一批，价款 50 000 元，增值税 6 500 元，货款收回存入银行，这笔经济业务涉及的账户有（　　）。
A. “银行存款”
B. “应收账款”
C. “主营业务收入”
D. “应交税费——应交增值税（销项）”

7. 下列关于记账凭证账务处理程序说法正确的有（　　）。
A. 该程序的特点是直接根据记账凭证逐笔登记总账
B. 总账登记详细，便于查账对账
C. 缺点是总账登记的工作量较小
D. 适用于规模小、业务量少的企业

8. 下列各项中，属于会计等式的有（　　）。
A. 资产 = 负债 + 所有者权益
B. 收入 − 费用 = 利润
C. 借方发生额 = 贷方发生额
D. 期初余额本期增加额 − 本期减少额 = 期末余额

9. 债权是企业收取款项的权利，一般包括各种（　　）等。
A. 预付款项
B. 预收款项
C. 应交款项
D. 应收款项

10. 下列费用应计入存货采购成本的是（　　）。
A. 装卸费
B. 保险费
C. 入库前的整理挑选费
D. 采购机构的经费

11. 某企业生产产品领用材料 8 000 元，车间一般消耗领用 2 000 元，应记入下列（　　）账户的借方。
A. “原材料”
B. “库存商品”
C. “生产成本”
D. “制造费用”

12. 更正错账的方法包括（　　）。
A. 红字更正法
B. 补充登记法
C. 逐项更正法
D. 划线更正法

13. 各种账务处理程序的相同之处是（　　）。
A. 根据原始凭证编制汇总原始凭证

B. 根据原始凭证及记账凭证登记明细分类账

C. 根据收、付款凭证登记现金日记账

D. 根据总账和明细账编制会计报表

14. 财产清查主要解决（　　　　）问题。

A. 确定单位财产物资的实存数和债权、债务的实际余额

B. 查明财产物资的实存数与账面数的差异及其产生的原因

C. 调整账目，达到账实相符

D. 不断发现和解决会计核算和会计管理方面的问题

15. 以下各项中，属于原始凭证所必须具备的基本内容有（　　　　）。

A. 凭证名称、填制日期和编号　　B. 经济业务内容摘要

C. 对应的记账凭证号数　　D. 填制、经办人员的签字、盖章

16. 银行存款的清查应根据（　　　　）进行核对。

A. 银行存款余额调节表　　B. 银行存款总分类账

C. 银行存款日记账　　D. 银行对账单

17. 会计报表的使用者包括（　　　　）。

A. 债权人　　B. 企业内部管理层

C. 投资者　　D. 国家有关政府部门

18. 会计期间可以分为（　　　　）。

A. 月度　　B. 季度

C. 半年度　　D. 年度

19. 下列各项中，属于财务成果的计算和处理内容的有（　　　　）。

A. 利润分配　　B. 利润的计算

C. 亏损弥补　　D. 所得税的计算和缴纳

20. 利润表中，分步计算的利润指标有（　　　　）。

A. 营业利润　　B. 主营业务利润

C. 利润总额　　D. 净利润

三、判断题（每题 1 分，共 20 分）

1. 当年形成的会计档案，在会计年度终了后，可暂由本单位会计机构保管 5 年。（　　）

2. 银行存款日记账账面余额与银行对账单的余额核对是账账核对。（　　）

3. 在科目汇总表账务处理程序方式下，其记账凭证、账簿的设置与记账凭证账务处理程序是不相同的。（　　）

4. 盘点实物时，发现其账面数大于实存数，即为盘盈。（　　）

5. 本单位档案机构为方便保管会计档案，可以根据需要对其拆封重新整理。（　　）

6. 各单位保存的会计档案不得借出。如有特殊需要，经本单位负责人批准，可以提供查阅或者复制，并办理登记手续。（　　）

7. 领料单、差旅费报销单、折旧计算表、工资费用分配表既是自制原始凭证，也是专用凭证。（　　）

8. 复式记账法是以资产与权益平衡关系作为记账基础，对于每一笔经济业务，都要在两个或两个以上相互联系的账户中进行登记，系统地反映资金运动变化结果的一种记账方法。（　　）

9. 负债类账户登记借方金额，表示该账户金额的增加；登记贷方金额，表示该账户金额的减少。（　　）

10. 总分类账户本期发生额与其所属明细分类账户本期发生额合计相等。（　　）

11. 企业销售不动产取得的收入，应通过“主营业务收入”账户核算。（　　）

12. 企业代购货单位垫付包装费、运杂费时，应借记“其他应收款”账户。（　　）

13. 存货盘盈一般是由于收发计量或核算上的差错所造成的，故应相应地冲减营业外支出。（　　）

14. 企业从外单位取得的原始凭证遗失且无法取得证明的，应由当事人写明详细情况，由会计机构负责人、会计主管人员和单位负责人批准后，方可代作原始凭证。（　　）

15. 企业的现金清查小组应当在出纳人员不在场的情况下对企业库存现金进行定期或不定期清查。（　　）

16. “银行存款余额调节表”编制完成后，可以作为调整企业银行存款余额的原始凭证。（　　）

17. 向异地的某公司销售商品，货款 15 000 元，增值税 1 950 元，为其代垫运杂费 650 元，企业借记“应收账款”账户的金额应为 17 400 元。（　　）

18. “应付账款”账户的贷方登记企业购买材料物资、接受劳务形成的应付款和应付的租金、存入保证金。（　　）

19. 总分类账户是根据总分类科目设置的，用以对会计要素具体内容进行总括分类。（　　）

20. 企业会计应当以权责发生制作为核算基础。（　　）

四、综合分析题（共 10 分）

长虹公司 9 月 30 日银行存款日记账余额为 98 500 元，9 月底公司与银行往来的其余资料如下：

（1）9 月 30 日收到购货方转账支票一张，金额为 12 600 元，已经送存银行，但银行未入账。

（2）本公司当月的水电费用 800 元银行已代为支付，但公司未接到通知而尚未入账。

（3）本公司当月开出的用以支付供货方货款的转账支票，尚有 4 500 元未兑现。

（4）本公司送存银行某客户转账支票 35 000 元，因对方存款不足而被退票，而公司未接到通知。

（5）公司委托银行代收的款项 22 000 元，银行已转入本公司的存款户，但公司尚未收到通知入账。

要求：完成下列长虹公司银行存款余额调节表。

银行存款余额调节表

编制单位：长虹公司　　××年9月30日　　单位：元

项目	余额	项目	余额
企业银行存款日记账余额	98 500	银行对账单余额	76 600
加：银行已收企业未收的款项合计	（1）（　）	加：企业已收银行未收的款项合计	（3）（　）
减：银行已付企业未付的款项合计	800	减：企业已付银行未付的款项合计	（4）（　）
调节后余额	（2）（　）	调节后余额	（5）（　）

五、综合题（编制会计分录，共10分）

1. 收到国家投入资金400 000元，存入银行。

2. 企业向某公司购入甲种材料1 000千克，每千克10元，购入乙材料1 500千克，每千克20元，增值税进项税额5 200元，对方代垫运杂费1 000元，款未付（运杂费按材料的重量比例进行分配）。

3. 生产车间领用甲材料21 000元，其中，生产A产品耗用18 900元，车间一般耗用2 100元。

4. 按合同规定向上月已预付货款的伟光公司发出A产品50件，每件600元，增值税销项税额3 900元，对方已预付的货款为36 000元，用银行存款支付多收的货款900元。

5. 分配结转本月工资费用33 000元，其中生产工人工资24 000元，车间管理人员工资4 000元，企业行政管理人员工资5 000元。

模拟试卷（三）

一、单项选择题（每题1分，共20分）

1. 会计科目与账户的联系表现在（　　）。
   A. 两者体现的经济内容是一致的
   B. 两者结构一致
   C. 两者登记依据一致
   D. 两者均能记录、加工、整理、汇总会计信息
2. 账户本期的期末余额结转至下个会计期间，即为下期的（　　）。
   A. 期初余额　　B. 增加发生额
   C. 减少发生额　　D. 期末余额
3. 会计对经济活动过程的管理属于（　　）。
   A. 实物管理　　B. 价值管理
   C. 劳动管理　　D. 生产管理
4. 下列经济业务中，应编制转账凭证的是（　　）。
   A. 用银行存款偿还短期借款　　B. 收回应收账款
   C. 用现金支付工资　　D. 生产领用原材料
5. 企业一般采用的盘存制度为（　　）。
   A. 永续盘存制　　B. 实地盘存制
   C. 实收实付制　　D. 权责发生制
6. 企业要进行经营，必须要有一定的本钱，这实际上是指（　　）。
   A. 资本公积　　B. 盈余公积
   C. 实收资本　　D. 各种债务
7. 设置会计科目和账户是对（　　）的具体内容进行分类核算和监督的一种专门方法。
   A. 资产　　B. 会计任务
   C. 会计要素　　D. 会计对象
8. 出纳员在每日业务终了时进行清查工作属于（　　）。
   A. 全面清查和定期清查　　B. 局部清查和不定期清查
   C. 局部清查和定期清查　　D. 全面清查和不定期清查
9. 下列不能作为会计核算的原始凭证（　　）。
   A. 发货票　　B. 合同书
   C. 库存商品入库单　　D. 领料单
10. 财产清查中，下列资产不宜采用实地盘点法的是（　　）。
   A. 材料、产成品　　B. 现金、有价证券
   C. 银行存款、应收账款　　D. 机器设备

11. 在我国，从事会计工作的人员，其基本任职条件是（　　）。

A. 具有会计专业技术资格　　B. 担任会计专业职务

C. 具备从事会计工作所需要的专业能力　　D. 具有中专以上学历

12. 结算往来款项的清查一般采用（　　）。

A. 实地盘点法　　B. 估算法

C. 函证核对法　　D. 对账单法

13. 某企业月初资产总计为 90 000 元，负债为 72 000 元，则其所有者权益为（　　）元。

A. 90 000　　B. 18 000

C. 72 000　　D. 162 000

14. 记账凭证又称（　　）。

A. 单据　　B. 单证

C. 票据　　D. 传票

15. 必须以权责发生制为会计核算基础的是（　　）。

A. 企业单位　　B. 行政单位

C. 事业单位　　D. 政府机关

16. 下述各项费用中，可以直接计入产品制造成本的是（　　）。

A. 车间管理人员的工资　　B. 生产甲产品耗用的材料

C. 维修办公设施耗用的材料　　D. 生产车间的固定资产折旧费

17. 企业在财产清查过程中填制的“清查结果报告表”属于（　　）。

A. 自制原始凭证　　B. 外来原始凭证

C. 记账凭证　　D. 转账凭证

18. 下列各项不涉及“待处理财产损益”的业务是（　　）。

A. 存货盘盈　　B. 存款毁损

C. 存货盘亏　　D. 存货出售

19. 企业的工会购买办公用品，应记入的借方账户是（　　）。

A. “制造费用”　　B. “管理费用”

C. “财务费用”　　D. “营业费用”

20. 下列经济业务中，不会使会计等式两边总额发生变化的是（　　）。

A. 收到应收款存入银行　　B. 从银行取得借款存入银行

C. 收到投资者以固定资产所进行的投资　　D. 以银行存款偿还应收账款

二、多项选择题（每题 2 分，共 40 分）

1. 下列单位中，可能属于会计主体的有（　　　）。

A. 国有企业　　B. 集体企业

C. 私营企业　　D. 政府机关

2. 下列关于库存现金清查的表述中，正确的有（　　　）。

A. 库存现金应该每日清点一次　　B. 库存现金应该采用实地盘点法

C. 在清查过程中可以用借条充抵现金　　D. 在清查过程中不可以用收据充抵现金

3. 下列属于资产类科目的有（　　）。

A. “货币资金”　　B. “应收账款”

C. “预付账款”　　D. “流动资产”

4. 借贷记账法的记账符号“贷”对于下列会计要素表示增加的有（　　）。

A. 资产　　B. 负债

C. 所有者权益　　D. 利润

5. 按权责发生制原则要求，下列应作为本期费用的有（　　）。

A. 预付明年保险费　　B. 尚未付款的本月借款利息

C. 采购员报销差旅费　　D. 支付上个季度借款利息

6. 下列属于资产负债表中流动资产的有（　　）。

A. 短期投资　　B. 预付账款

C. 货币资金　　D. 固定资产

7. 下列账户中，期末结转无余额的有（　　）。

A. 实收资本　　B. 主营业务收入

C. 库存商品　　D. 管理费用

8. 总分类账户与明细分类账户之间平行登记的要点包括（　　）。

A. 同时登记　　B. 同方向登记

C. 同账户登记　　D. 相等金额登记

9. 构成利润表基本框架的会计要素为（　　）。

A. 负债和所有者权益　　B. 收入

C. 费用　　D. 利润

10. 涉及现金与银行存款相互划转的业务应编制的记账凭证有（　　）。

A. 现金收款凭证　　B. 现金付款凭证

C. 银行存款收款凭证　　D. 银行存款付款凭证

11. 下列经济业务中，会导致资金流入企业的有（　　）。

A. 投资者投入资本　　B. 接受捐赠

C. 投资于有价证券　　D. 利润转增资本

12. 下列各项中，属于会计核算基本前提的有（　　）。

A. 会计主体　　B. 持续经营

C. 会计分期　　D. 货币计量

13. 下列选项中，属于本期发生额的有（　　）。

A. 期初余额　　B. 本期增加金额

C. 本期减少金额　　D. 期末余额

14. 下列属于自制原始凭证的有（　　）。

A. 增值税专用发票　　B. 入库单

C. 差旅费报销单　　D. 税收缴款单

15. 下列各项中属于明细账通常格式的有（　　）。

A. 三栏式　　B. 多栏式

C. 数量金额式　　D. 两栏式

16. 下列费用中属于期间费用的有（　　）。

A. 制造费用　　B. 销售费用

C. 管理费用　　D. 财务费用

17. 下列关于财产全面清查特点的表述中，正确的有（　　）。

A. 清查的范围广　　B. 清查的内容多

C. 清查的时间固定　　D. 花费时间长

18. 下列资产中，可以采用实地盘点法进行清查的有（　　）。

A. 库存现金　　B. 原材料

C. 应收账款　　D. 银行存款

19. 会计核算的方法包括（　　）。

A. 设置会计科目和账户　　B. 复式记账

C. 填制和审核凭证　　D. 借贷记账法

20. 下列各项支出应计入材料采购成本的有（　　）。

A. 采购员的差旅费　　B. 材料的买价

C. 支付的增值税　　D. 应负担的运杂费

三、判断题（每题 1 分，共 20 分）

1. 签发的支票金额可以超过企业银行存款余额。（　　）

2. 我国《会计法》规定：会计年度自公历 1 月 1 日起至 12 月 31 日止。（　　）

3. 会计主体是指会计所核算和监督的特定单位或组织，这个基本前提界定了从事会计工作、提供会计信息等的时间范围。（　　）

4. 各种账簿都是直接根据记账凭证进行登记的。（　　）

5. 一般来讲，各类账户的期末余额与记录增加额的一方都在同一方向。（　　）

6. 三栏式明细分类账适用于只进行金额核算的明细账户。（　　）

7. “银行存款余额调节表”属于一种原始凭证，因此可以作为登记账簿的依据。（　　）

8. 会计期间分为年度、季度、月份和旬。（　　）

9. 利润是指企业在一定会计期间所实现的经营成果。（　　）

10. 制造费用属于期间费用。（　　）

11. 在账簿登记过程中，任何时候都不得使用红色墨水记账。（　　）

12. 平行登记是指对所发生的经济业务，在记入总账的同时必须记入有关日记账。（　　）

13. 会计计量单位只有一种即货币量度。（　　）

14. 制造费用和管理费用一样属于损益类账户。（　　）

15. 会计科目与会计账户反映的经济内容一致，因此二者没有区别。（　　）

16. 目前，我国企业的资产负债表采用的是账户式结构。（　　）

17. 人员较少的企业，出纳人员可以兼管会计档案。（　　）

18. 资产与权益是同一资金的两个方面。（　　）

19. 科目汇总表账务处理程序比记账凭证处理程序增加的项目是编制科目汇总表。（　　）

20. 年度财务报告保管期限为 25 年。 （ ）

四、综合分析题（共 10 分）

1. A 公司 9 月 20 日至月末银行存款日记账如下：
（1）20 日，收到销货款转账支票 6 500 元
（2）21 日，开出转账支票 0030#，用以支付购入材料款 12 000 元
（3）23 日，开出转账支票 0031#，用以支付购料的运杂费 2 500 元。
（4）26 日，收到销货款转账支票 3 200 元
（5）28 日，开出转账支票 0032#，支付公司日常办公费 4 800 元
（6）30 日，开出转账支票 0033#，支付下半年房租 24 000 元
（7）30 日，银行存款日记账账面余额为 168 000 元
2. 银行对账单所列 A 公司 9 月 20 日至月末的经济业务如下：
（1）20 日，结算 A 公司的银行存款利息 1 523 元。
（2）22 日，收到销售款转账支票 6 500 元。
（3）23 日，收到 A 公司的转账支票 0030#，金额为 12 000 元。
（4）25 日，银行为 A 公司代付水电费 2 900 元。
（5）26 日，收到 A 公司转账支票 0031#，金额为 2 500 元。
（6）29 日，为 A 公司代收外地购货方汇来的货款 10 600 元。
（7）30 日，银行对账单余额数为 202 823 元。
根据资料编制银行存款余额调节表。

银行存款余额调节表

编制单位：A 公司　　　　××年 9 月 30 日　　　　单位：元

项目	金额	项目	金额
企业银行存款日记账余额	168 000	银行对账单余额	202 823
加：银行已收企业未收的款项合计	12 123	加：企业已收银行未收的款项合计	（3）（ ）
减：银行已付企业未付的款项合计	（1）（ ）	减：企业已付银行未付的款项合计	（4）（ ）
调节后余额	（2）（ ）	调节后余额	（5）（ ）

五、业务题（共 10 分）

12 月份，企业发生如下经济业务，请根据经济业务编制会计分录。

1. 销售产品一批，价款 50 000 元，增值税 6 500 元，货款已收存银行；该批产品成本 20 000 元。

2. 销售材料一批，价款 20 000 元，增值税 2 600 元，货款尚未收到；该批材料成本 15 000 元。

3. 开出转账支票支付广告费 10 000 元。

4. 支付借款利息 5 000 元。

5. 计算本月利润总额，编制月末结转分录。

模拟试卷（四）

一、名词解释（每小题5分，本题共10分）

1. 所有者权益

2. 利润表

二、单项选择题（本题共20分，每小题1分）

1. 天兴公司收到E公司以货币投资，对天兴公司来说，所引起的会计要素变化是（　　）。

A. 资产和负债同时增加

B. 资产和所有者权益同时增加

C. 资产中一个项目减少一个项目增加

D. 资产和所有者权益同时减少

2. 权责发生制和收付实现制的根本区别是（　　）。

A. 资产和负债的入账时间不同　　B. 收入和费用的确认标准不同

C. 会计期间的划分标准不同　　D. 收入和费用的定义不同

3. 下列属于长期负债的项目是（　　）。

A. 预付账款　　B. 应付账款

C. 应付利润　　D. 应付债券

4. 对财产物资的盘点结果编制并据以调整账面记录的原始凭证是（　　）。

A. 入库单　　B. 盘存单

C. 领料单　　D. 实存账存对比表

5. 根据《企业会计准则》的规定，下列各项支出，应列入当期损益的是（　　）。

A. 购入厂房支出　　B. 业务招待费支出

C. 购入机器设备支出　　D. 购入专利支出

6. 下列各项中属于流动负债的是（　　）。

A. 应收账款　　B. 应付债券

C. 预付账款　　D. 预收账款

7. 下列业务发生不会引起权益总额发生变化的有（　　）。

A. 从银行提现金　　B. 向银行借款存入银行

C. 用银行存款上缴税金　　D. 用银行存款支付前欠购货款

8. 对现金的清查方法是采用（　　）。

A. 实地盘点　　B. 技术推算

C. 账面价值　　D. 评估确认

9. 企业预付下年度的财产保险费用，应记入的账户是（　　）。

A. “预付账款”　　B. “应付账款”

C. “财务费用”　　D. “管理费用”

10. 下列会计科目属于资产备抵调整科目的是（　　）。

A. “应收账款”　　B. “累计折旧”

C. “制造费用”　　D. “利润分配”

11. 企业从银行提取现金应填制的记账凭证是（　　）。

A. 银行存款收款凭证　　B. 现金付款凭证

C. 转账凭证　　D. 银行存款付款凭证

12. 备查账是对（　　）所记录的经济业务补充登记的账簿。

A. 总账和明细账　　B. 日记账和分类账

C. 日记账和明细账　　D. 总账

13. 资产负债表是根据资产与权益类账户（　　）编制的。

A. 期初余额　　B. 期末余额

C. 本期发生额　　D. 发生额或余额

14. 下列各项，不属于原始凭证审核内容的是（　　）。

A. 凭证反映的内容是否真实

B. 凭证各项要素是否齐全

C. 凭证是否有填制单位的公章和填制人员的签章

D. 会计科目的使用是否正确

15. 总账的格式一般采用（　　）。

A. 三栏式　　B. 数量金额式

C. 多栏式　　D. 横线登记式

16. 以下不属于会计核算方法的是（　　）。

A. 经济业务的确认　　B. 成本计算

C. 复式记账　　D. 填制和审核会计凭证。

17. 某企业本月发生运杂费 3 600 元，本月共购入甲材料 200 吨，乙材料 80 吨，丙材料 80 吨，那么采购费用的分配率应为（　　）元/吨。

A. 10　　B. 18

C. 45　　D. 20

18. “预付账款”账户期初余额为2 000元，本期借方发生额为8 000元，本期贷方发生额为6 500元，该账户的期末余额为（　　）元。

A. 3 500　　B. 500

C. 1 500　　D. 14 500

19. 能够验证企业发生的交易、事项经济业务客观性的主要依据是（　　）。

A. 会计账簿　　B. 会计凭证

C. 会计报表　　D. 成本计算

20. 同一会计主体不同会计期间，会计核算采用的会计程序和会计处理方法必须一致。所遵循的会计核算原则是（　　）。

A. 客观性原则　　B. 相关性原则

C. 权责发生制原则　　D. 可比性原则

三、多项选择题（本题共20分，每小题2分，不选、少选、多选或错选，均不得分）

1. 按照记账凭证的审核要求，下列内容中属于记账凭证审核内容的有（　　）。

A. 会计科目使用是否正确

B. 凭证所列事项是否符合有关的计划和预算

C. 凭证的金额与所附原始凭证的金额是否一致

D. 凭证项目是否填写齐全

2. 下列账户按经济内容分类属于资产类账户的有（　　）。

A. “应付账款”　　B. “应收账款”

C. “利润分配”　　D. “在途物资”

3. 因记账凭证错误而导致的账簿记录错误，可采用的更正方法有（　　）。

A. 划线更正法　　B. 差数法

C. 补充登记法　　D. 红字更正法

4. 下列各项费用，应计入企业销售费用的有（　　）。

A. 咨询费　　B. 车间水电费

C. 广告费　　D. 展览费

5. 下列各项，按规定应计入企业营业外支出的有（　　）。

A. 罚款支出　　B. 捐赠支出

C. 固定资产盘亏净损失　　D. 办公用品支出

6. 下列明细账，可采用数量金额式账簿的有（　　）。

A. 原材料明细账　　B. 库存商品明细账

C. 制造费用明细账　　D. 应收账款明细账

7. 下列费用中属于期间费用的有（　　）。

A. 车间管理人员的工资　　B. 广告费

C. 业务招待费　　D. 短期借款利息

8. 下列账户中属于成本类账户的有（　　）。

A. “制造费用”　　B. “管理费用”

C. “生产成本”　　D. “在途材料”

9. 资产负债表中根据若干账户的期末余额分析计算后填列的有（　　）。

A. “存货”　　B. “实收资本”

C. “货币资金”　　D. “短期借款”

10. 下列情况属于全面清查的有（　　）。

A. 年终决算前　　B. 清产核资

C. 每季度末　　D. 单位撤销

四、判断题（本题共 15 分，每小题 1 分）

1. 依据谨慎性原则的规定，会计核算可以将预计可能发生的费用、损失计入当期损益。（　　）

2. 在会计信息质量要求中，要求会计核算应当以实际发生的交易、事项为依据的原则是历史成本原则。（　　）

3. 复合会计分录是由两个或两个以上相对应的账户组成的分录。（　　）

4. 所有的记账凭证都只能根据原始凭证来填制。（　　）

5. 明细分类科目是对总分类科目进一步分类的科目，它能提供明细核算指标，主要为满足对外报告的要求。（　　）

6. 企业因销售材料而取得的收入应记入“其他业务收入”账户的借方。（　　）

7. 将当期发生的收益性支出误记为资本性支出，会减少当期会计利润。（　　）

8. 所有的外来原始凭证都是一次凭证。（　　）

9. 会计核算原则要求企业只能按照交易或事项的法律形式作为会计核算的依据。（　　）

10. 总分类账户和明细分类账户所反映的经济内容相同，只是提供指标的详细程度不同。（　　）

11. 企业生产用固定资产计提折旧时应直接记入“生产成本”。（　　）

12. “银行存款余额调节表”与“实存账存对比表”均是调整账簿记录的原始凭证。（　　）

13. 记账凭证账务处理程序是最基本的一种账务处理程序。（　　）

14. 企业取得收入，意味着利润便会形成。（　　）

15. 为了及时编制会计报表，企业单位可以提前结账。（　　）

五、综合题（本题共 35 分，其中第 1 题 10 分，第 2 题 20 分，第 3 题 5 分）

（一）某企业本月初应收账款总分类账户期初余额为 4 000 元，其中，应收账款——兴达公司欠款 1 000 元，丽晶公司欠款 3 000 元。本月发生以下两笔交易：

1. 销售给兴达公司商品 3 000 元，丽晶公司商品 10 000 元，增值税率 13%，价款尚未结算；

2. 收回兴达公司上月欠款 1 000 元，存入银行。

要求：

1. 编制上述两笔交易的会计分录；

2. 根据总账与明细账平行登记的要求，登记应收账款总账和明细账（“T”型账）并结出期末余额。

（二）某企业12月份发生的下列交易，要求运用借贷记账法做出会计分录并编制本期发生额试算平衡表。

1. 12月3日企业收到投资者投入货币资金6 000 000元，存入银行存款户；

2. 12月4日，开出现金支票向银行提取现金2 000元；

3. 12月8日，预收某单位交来购货款20 000元，存入银行存款户；

4. 12月15日，以银行存款购买机器一台价值50 000元；

5. 12月25日，收到某供货单位发来材料20 000元，增值税2 600元，价款已从银行支付；

6. 12月26日，以现金预借厂部管理人员差旅费1 000元；

7. 12月28日，在财产清查中发现设备盘亏一台，账面原价7 000元，已提折旧4 000元，原因待查。

8. 12 月 28 日，从银行取得 6 个月借款 200 000 元存入银行。

9. 现金支付车间设备修理费 260 元。

10. 12 月 29 日，收到联营单位分来的利润 68 000 元存入银行。

试算平衡表

会计科目	本期发生额	
	借方	贷方
合计		

（三）企业为一般纳税企业，3 月份发生以下交易、事项的记录：

1. 以现金 500 元，支付本月车间办公费。记账凭证上编制的会计分录如下，并登记入账。

借：管理费用　　500

　　贷：库存现金　　500

2. 计提车间用固定资产折旧 41 000 元。编制会计分录如下并据以登记入账。

借：制造费用　　14 000

　　贷：累计折旧　　14 000

要求：指出上述账务处理的错误所在。说明应该选用的更正方法，并做出更正分录。

模拟试卷（五）

一、名词解释（每小题 5 分，本题共 10 分）

1. 资产

2. 资产负债表

二、单项选择题（本题共 20 分，每小题 1 分，不选，多选或错选均不得分）

1. 会计对象是指会计所要核算和监督的内容，可概括为再生产过程中的（　　）。
   A. 资金循环　　B. 资本运营
   C. 资金运动　　D. 经济利益
2. 会计主要是以（　　）作为计量尺度的。
   A. 实物　　B. 时间
   C. 货币　　D. 劳动
3. 编制利润表的理论依据是（　　）。
   A. 资产 = 负债 + 所有者权益　　B. 资产 − 权益 = 所有者权益
   C. 收入 − 费用 = 利润　　D. 资产 = 负债 + 所有者权益 + 利润
4. 下列各项中属于流动负债的是（　　）。
   A. 应收账款　　B. 应付债券
   C. 预付账款　　D. 应付账款
5. 下列凭证属于累计原始凭证的是（　　）。
   A. 发货票　　B. 领料单
   C. 收款凭证　　D. 限额领料单
6. 明细分类账从外表形式看一般采用（　　）。
   A. 卡片式账簿　　B. 活页式账簿

C. 序时账簿　　D. 订本式账簿

7. 下列资产负债表项目，需根据明细账户余额计算填列的是（　　）。

A. 短期借款　　B. 货币资金

C. 应付账款　　D. 累计折旧

8. 下列项目中不属于会计要素的是（　　）。

A. 收入　　B. 成本

C. 费用　　D. 利润

9. 我国会计实务中资产负债表一般采用（　　）。

A. 多步式　　B. 账户式

C. 单步式　　D. 报告式

10. 各种存货的清查可采用（　　）。

A. 实地盘点法　　B. 查询核实法

C. 账面价值法　　D. 协商议价法

11. 借贷记账法下，试算平衡方法一般采用（　　）。

A. 差额平衡法　　B. 两类账户平衡法

C. 发生额平衡法　　D. 同类账户平衡法

12. 企业会计确认、计量和报告的基础是（　　）。

A. 及时性　　B. 可比性

C. 谨慎性　　D. 权责发生制

13. 下列不属于对外会计报表的是（　　）。

A. 现金流量表　　B. 产品生产成本表

C. 资产负债表　　D. 利润表

14. 财产物资的盘盈是指（　　）。

A. 账存数大于实存数　　B. 实存数大于账存数

C. 由于记账差错多记的金额　　D. 由于记账差错少记的金额

15. 企业将现金存入银行应填制的记账凭证是（　　）。

A. 银行存款收款凭证　　B. 现金付款凭证

C. 转账凭证　　D. 银行存款付款凭证

16. 原始凭证金额有错误，应当（　　）。

A. 由本单位审核人员更正　　B. 由本单位主管会计更正

C. 由经办人划线更正　　D. 由出具单位重开

17. 财会人员自制的计提和分配费用等转账事项的记账凭证应当填写当月（　　）的日期。

A. 1 日　　B. 最后一天

C. 15 日　　D. 周末

18. 在借贷记账法下，账户的哪一方记增加数，哪一方记减少数是由（　　）决定的。

A. 记账方法　　B. 账户形式

C. 账户所反映的经济内容　　D. 账户结构

19. 下列交易事项中，引起一项资产增加，另一项资产减少的是（　　）。

A. 购入材料未付款　　B. 销售产品取得收入

C. 以现金支付办公费　　D. 以银行存款购入设备一台

20. 下列关于会计账簿的更换和保管的表述中，正确的有（　　）。

A. 总账、日记账每年更换一次

B. 明细账必须每年更换

C. 备查账不可以连续使用

D. 会计账簿由本单位财务会计部门保管半年后，交由本单位档案管理部门保管

三、多项选择题（本题共 20 分，每小题 2 分，不选、少选、多选或错选，均不得分）

1. 《企业会计准则》规定的会计核算的基本前提应包括（　　）。

A. 会计主体　　B. 持续经营

C. 会计分期　　D. 货币计量

2. 下列属于会计信息质量要求的有（　　）。

A. 复式记账　　B. 相关性

C. 可比性　　D. 客观性

3. 下列属于总分类账户与明细分类账户平行登记要点的有（　　）。

A. 期间相同　　B. 方向相同

C. 金额相等　　D. 数量相等

5. 明细分类账的格式主要有（　　）。

A. 备查式　　B. 三栏式

C. 数量金额式　　D. 多栏式

6. 资产负债表中根据总分类账户的期末余额直接填列的有（　　）。

A. 应收账款　　B. 实收资本

C. 货币资金　　D. 短期借款

7. 下列会计账户应填入资产负债表货币资金项目的有（　　）。

A. 现金　　B. 银行存款

C. 预收账款　　D. 其他货币资金

8. 下列应列入当期损益的期间费用有（　　）。

A. 销售费用　　B. 管理费用

C. 制造费用　　D. 财务费用

9. 下列各账户的余额期末应转入“本年利润”账户的有（　　）。

A. “营业外收入”　　B. “营业外支出”

C. “制造费用”　　D. “财务费用”

10. 下列凭证属于原始凭证的有（　　）。

A. 差旅费报销单　　B. 购货合同

C. 限额领料单　　D. 付款凭证

四、判断题（本题共10分，每小题1分）

1. 在借贷记账法下，所有账户的借方登记增加数，贷方登记减少数。（ ）
2. 依据谨慎性要求，会计核算可以将预计可能发生的费用、损失计入当期损益。（ ）
3. 历史成本计量是要求会计核算应当以实际发生的交易、事项为依据。（ ）
4. 复合会计分录是由两个或两个以上相对应的账户组成的分录。（ ）
5. 明细分类账登记的直接依据是原始凭证。（ ）
6. 定期汇总试算平衡，说明账簿记录完全正确。（ ）
7. 所有的记账凭证都只能根据原始凭证来填制。（ ）
8. 记账后，如果发现记账凭证和账簿的所记金额大于应记金额，应采用红字更正法。（ ）
9. 明细分类科目是对总分类科目进一步分类的科目，它能提供明细核算指标，主要为满足对外报告的要求。（ ）
10. 利润表是反映企业某一时期财务状况的报表，应根据损益类账户的余额填列。（ ）

五、综合题（本题共40分）

（一）某企业1月份发生下列交易、事项，要求运用借贷记账法编制会计分录和本期发生额试算平衡表。

1. 1月3日接受某单位投资设备一台价值200 000元；

2. 1月4日，开出现金支票向银行提取现金1 000元；

3. 1月8日，以银行存款预付材料采购款40 000元；

4. 1月15日，以银行存款偿还上月欠某单位货款2 000元；

5. 1月25日，收到销售商品货款20 000元，增值税2 600元，存入银行；

6. 1 月 26 日，以现金预借厂部管理人员差旅费 500 元；

7. 1 月 28 日，在财产清查中盘亏设备一台，账面原价 30 000，已提折旧 6 000 元，原因待查；

8. 仓库发出材料 50 000 元，其中生产产品领用 35 000 元，车间一般消耗用 15 000 元。

（二）企业 9 月 30 日的银行存款账面余额为 691 600 元，而银行对账单上企业存款余额为 681 600 元，经逐笔核对，发现有以下未达账项：

1. 9 月 26 日企业开出转账支票 3 000 元，持票人尚未到银行办理转账，银行尚未登账。

2. 9 月 28 日企业委托银行代收款项 4 000 元，银行已收款入账，但企业未接到银行的收款通知，因而未登记入账。

3. 9 月 29 日，企业送存购货单位签发的转账支票 15 000 元，企业已登账，银行未登记入账。

4. 9 月 30 日，银行代企业支付水电费 2 000 元，企业尚未接到银行的付款通知，故未登记入账。

要求：根据以上内容，编制“银行存款余额调节表”。

银行存款余额调节表

项　　目	金 额	项　　目	金 额

（三）某企业 6 月 30 日有关科目余额如下：

科　目	借　方	贷　方
库存现金	3 600	
银行存款	125 000	
应收账款	60 000	
坏账准备		2 600
原材料	75 000	
库存商品	40 000	
生产成本	38 000	
应交税费		15 000
本年利润		210 000
利润分配	172 500	

要求：根据上述资料计算：
（1）资产负债表上的“货币资金”项目 =
（2）资产负债表上的“应收账款”项目 =
（3）资产负债表上的“存货”项目 =
（4）资产负债表上的“应交税费”项目 =
（5）资产负债表上的“未分配利润”项目 =